知识生产的原创基地
BASE FOR ORIGINAL CREATIVE CONTENT

颉腾商业
JIE TENG BUSINESS

硅谷秘密

创业成功的基因

[美] 安妮卡·施泰伯 [瑞典] 斯瓦克·奥林格 著
(Annika Steiber) (Sverker Alänge)

张闳肆 王柳青 陈尼庚 译

THE SILICON VALLEY MODEL

MANAGEMENT FOR ENTREPRENEURSHIP

SPM

南方出版传媒

广东经济出版社

·广州·

First published in English under the title
The Silicon Valley Model: Management for Entrepreneurship
by Annika Steiber and Sverker Alänge

图书在版编目（CIP）数据

硅谷秘密：创业成功的基因 /（美）安妮卡·施泰伯，（瑞典）斯瓦克·奥林格著；张闳肆，王柳菁，陈尼庚译．—广州：广东经济出版社，2022.2

ISBN 978-7-5454-8056-6

Ⅰ．①硅… Ⅱ．①安… ②斯… ③张… ④王… ⑤陈… Ⅲ．①企业管理 Ⅳ．① F272

中国版本图书馆 CIP 数据核字（2021）第 247598 号

版权登记号：19-2021-272

策　　划　颉腾文化　　**封面设计**　Colin
责任编辑　冯　颖　黄奕瑕　罗嘉慧　王春蕊　**营销编辑**　陈　潇　吴泽莹

硅谷秘密：创业成功的基因
GUIGU MIMI：CHUANGYE CHENGGONG DE JIYIN

出 版 人　李　鹏
出版发行　广东经济出版社（广州市环市东路水荫路 11 号 11 ～ 12 楼）
经　　销　全国新华书店
印　　刷　三河市中晟雅豪印务有限公司（河北省廊坊市三河市沟阳镇错桥村）
开　　本　880 毫米 ×1230 毫米 1/32
印　　张　9.75
字　　数　197 千字
版　　次　2022 年 2 月第 1 版
印　　次　2022 年 2 月第 1 次
书　　号　ISBN 978-7-5454-8056-6
定　　价　79.00 元

图书营销中心地址：广州市环市东路水荫路11号11楼
电话：（020）87393830　邮政编码：510075
如发现印装质量问题，影响阅读，请与本社联系
广东经济出版社常年法律顾问：胡志海律师

Foreword One | 序一

20 世纪 50 年代，位于美国西海岸的斯坦福大学将一片闲置土地出租给很多名不见经传的小企业时，人们并没有对它抱有多少期待。当时，位于美国东海岸、手握大量政府订单的波士顿 128 公路，才是所有人眼中的未来之光。只是才过了 30 年，关于二者的评价，就完全颠倒了过来。

美国学者安纳利・萨克森宁在专著《地区优势——硅谷和 128 公路地区的文化与竞争》中认为：单纯从技术和人力资源角度，不能区别硅谷与 128 公路所在地区的优劣，它们之间的根本差异在于硅谷具有一种更适合高新技术企业发展的机制和文化，也是硅谷崛起、128 公路所在地区衰落的深层原因。

硅谷的文化优势究竟是什么？硅谷的成功能否复制？几十年来，人们一直在持续追问，大量学者也给出了见仁见智的回答。在众多硅谷研究中，安妮卡・施泰伯博士与斯瓦克・奥林格博士合著的这本《硅谷秘密》一书，全面、生动地介绍了硅谷的独特运行模式。

连续抓住时代机遇

硅谷的成功源自准确抓住了时代赋予的发展契机，这是毫无疑问的。重点在于，硅谷因何能连续抓住时代机遇，而不是像波士顿 128 公路或者底特律那样，当产业发生变迁时，无可避免地走向衰落？

《硅谷秘密》向我们展现了背后的深层次原因：

第一，对人的重视。“硅谷的真正秘密在于，它真的非常关注人”，类似表达在《硅谷秘密》中不时出现。硅谷企业“关注人”不仅停留在将人才吸引过来，更在于硅谷能为这些人才提供宽松的创新环境。敢于梦想、勇于冒险、不惧失败这些创新者的品质虽然一直在被提倡，但在很多企业的实际运行中，它们依旧被视为不稳定因素，不似硅谷这般被视作瑰宝。

第二，动态能力。很多成立之初反对僵化保守的企业，之所以后来变得僵化保守，除了创新精神逐渐衰退外，受到落后管理机制的掣肘也是重要原因之一。面对创新机遇、创新想法，企业往往需要重组资源才能将其变为现实，硅谷企业优秀的动态管理能力，让其在快速变化的信息产业中如鱼得水。

第三，宽松的创业环境。创新人才往往拥有做出一番事业的雄心，但与很多企业持打压态度不同，硅谷企业对离职创业的员工较为宽容，不少还直接成了新公司的投资方。事后看来，这不仅促进了硅谷地区的繁荣，而且也帮助不少“老企业”率先赢得了新机遇。

总的来说，硅谷的成功更多源自“开放”的成功。在硅谷，企业与员工间的关系常被形容为“联盟”，相互成就的意味远高于控制和压榨，进而成就了硅谷冠绝全球的人才密度、创新浓度。国内企业学习硅谷也应首先从这一点做起，相关机制在《硅谷秘密》一书中有详尽的介绍。

物联网时代的生态未来

硅谷的成功源于抓住时代契机，有着鲜明的时代特征。在数字经济时代，硅谷企业十分重视生态系统的发展。他们与大学、研究机构、初创公司等建立开放的生态系统，建立了谷歌 Play 和亚马逊等著名平台，并孵化和加速内外部创业公司。然而，即使他们强调生态系统，他们的主要关注点仍然是产品创新，生态系统只是使这些产品创新成为可能。风险投资机构对硅谷的发展助力很多，相应地也让硅谷模式以产品创新为主导，在海尔和其他中国企业定义的生态领域发展相对缓慢，出现不少“硅谷悖论”现象。

我去硅谷参观拜访时，也曾咨询过关于“硅谷悖论”的答案——为何硅谷那么多明星创业公司在发展壮大、实现

IPO 后反倒没有了创新活力？可惜的是，我并未得到准确的回答。

我想答案仍蕴藏在“时代性”中，硅谷尽管能在数次互联网浪潮更迭之际抓住机遇，但在我看来，其仍是以产品创新、产业进步为主体的线性发展。如今物联网时代到来，企业发展愈发呈现非线性，持续交互演变为生态，产业让位于生态，生态不是并购，而是以用户为中心，在技术领域做精做深，持续创业。

当时代已变，数字经济发展度过最初红利期，新产品的研发与市场推广均需要极高费用时，对于创业者来说，利用生态资源推动创新显然要比从一张白纸开始，更容易些。

硅谷公司已经具备了很好的动态能力，可相比于海尔的生态，其企业内外界限依旧明显。海尔探索出的“人单合一”模式则克服了这一点。

基于此逻辑，海尔首创了“人单合一计分卡”，用以指导海尔与其他组织转型为生态型组织。2021 年 9 月，欧洲管理发展基金会（EFMD）首次发布了“人单合一认证体系”，并以“人单合一计分卡”为工具，在全球面向在物联网时代进行管理创新的组织开展认证。

诚如《硅谷秘密》第 1 章“世界瞬息万变”中所言，时代正在发生新的变化，我们学习硅谷的经验，不仅是要“站在巨人的肩膀上”，更要领会硅谷精神的内涵，以更适合新时代的方式，鼓励、吸引、培养创新人才。

张瑞敏

海尔集团创始人、董事局名誉主席

2021 年 12 月

Foreword Two | 序二

一种新的管理模式

正如本书开篇所表明的："我们撰写本书是为了解决一个迫切的需求——对一种全新管理模式的需求。"在数字化快速兴起与普及的背景下，企业组织深度嵌入易变、不确定、复杂和模糊的商业环境之中，如何适应外部环境，引导组织进化，以实现持续竞争优势升级，成为企业组织获取成功的关键议题。纵观全球管理实践，硅谷企业的管理模式为这一议题提供了可借鉴的范本。本书聚焦于解密硅谷企业成功之谜，深度挖掘硅谷企业创新创业背后的共性优势与成功经验，从而为处于瞬息万变的数字时代的企业探索最有效的管理模式，为企业实现持续竞争优势的获取与升级贡献启示。

即使已经身处全新的技术与环境之下，绝大多数公司依然采用传统的官僚层级与命令控制型的组织管理模式，用以期待获得稳定状态下的生存机会。但是，这也正是这些企业无法适应新时代、遭遇挑战并焦虑不安的原因。如今，几乎每个行业的市场和技术都在被重新定义，都在发生着不可预测的变化，这就对企业的创新、适应性和快速反应等特性提出了更高的要求。如何建立与当下环境相匹配的企业管理模式，需要每一个企业管理者找到自己的答案。

作为硅谷企业管理模式成功之谜的总结，正是为了给每一位企业管理者提供帮助。作者选择了硅谷的成功企业做深度的案例研究，将这些成功企业管理模式中的共性特征归结为“硅谷模式”。全书回答了组织创新与管理变革对持续竞争优势的重要意义，并将硅谷成功之谜指向一种系统性的解答，包括：坚持瞬息万变世界的六项基本原则（动态能力、不断变化的组织、以人为本、双元性的组织、与周围环境建立联结的开放组织、系统性方法），重视管理创新的力量，将创业精神深度应用于企业管理，培养与吸纳优秀人才，打造适应环境变化与管理创新的组织文化，开展创业活动的引导，以及建立动态与双元的创业型企业等。作者进一步延展了硅谷模式的普及意义，为全球企业管理的创新实践提供了参考。

数字化成了后疫情时代中国企业转型升级的必选项，也深度驱动了经济社会体制转型、产业结构调整、企业与用户交互关系的重塑等，应对变化与持续生存成为中国企业战略思考必须考虑的议题。

硅谷成功的经验给我们的重要启发。

第一，需要关注创业精神的培育。这不是通常意义的创办新公司，而是创造新的商业机会和新的顾客价值需求。

第二，需要关注企业的动态能力、管理变革、以人为本、柔性组织、环境友好、创业文化、系统能力等要素。

第三，要特别强调的是，需要关注“特殊人群”。正如书中对谷歌案例的介绍，正是这些具有核心素质的人，才是企业成功的基石。

第四，需要关注的是，如何让自己的公司成为一家“庞大的创业公司”，将创业精神与企业管理融合在一起。

此外，在这些管理创新要素构成的系统框架之下，更重要的也许在于，企业管理者与产业实践者需要在百年未有之大变局的背景下，重构对于组织成功的定义。对成功的理解不应再是成王败寇，而应更多地回归企业与顾客或用户、企业与行业伙伴、企业与上下游供应商、企业与竞争对手、企业与政策环境等的持续共生，引导更大范围的持续发展的商业活动演进，而相应的组织管理创新本质，也将逐步趋向包容更多利益相关者，实现持续的价值共生。

陈春花

北京大学国家发展研究院

2021 年 9 月

Foreword Three | 序三

在瞬息万变的当今社会，除了那些备受保护的经济体及产业，整体的竞争环境发生了根本的变化。全球性的竞争如雨后春笋般纷至沓来，各种根源的竞争接踵而至，其中，有的来自新兴的发展中国家，也有的来自国内外的“颠覆性”企业。这种局势对传统企业并不友好。即使是那些采用“最佳实践”方法并高效运营的传统企业也仍然被时代抛下。

原因在于，企业进行“优化”工作和把事情做好已经远远不够。它还需要做正确的事情。这要求企业有动态能力，而这也正是本书内容的精髓所在。

笔者提供了丰富的脉络，让我们了解具有动态能力的新兴企业是如何进行组织和管理的。他们是创业者，不但善于感知新的机会（还有威胁），而且善于抓住机会，并且在新收获的成功本身受到挑战之时，能进行必要的转型或“转换”。这些公司在加州硅谷最为显眼，他们不是单纯的初创企业，而是已经在全球范围内扩张并盈利运营的成熟企业。这些成熟企业由本书所说的“特殊人群”所组成。他们中大部分是精通技术的顶尖人才或者独立承包商。对于大多数人来说，好消息是，这种模式不再仅仅局限于硅谷，在其他地方的应用也获得了成功。

本书基于现有文献及笔者在硅谷和其他各地的深入实地调研编写而成。对于学术界和从业者来说，这应该是一本令人信服的读物，希望能够让大家更好地理解在充满挑战的竞争环境中，如何做好管理，从而为销售和利润的快速增长提供动力。

加州大学伯克利分校

大卫·蒂斯（David J. Teece）

2015 年写于美国

Preface | 前言

新模式的时代

我们撰写本书是为了解决一个迫切的需求——对一种全新管理模式的需求。如今，大多数公司都是在已经过时的“落后”的管理体系基础上运行的。即使有些公司迅速采用最新的管理工具和技术，但问题仍会持续存在。因为这些更新换代通常不够深入，它们主要是作为一个底层系统的附加功能，然而，时至今日这个底层系统本身已经不再正确。

环境已经发生了翻天覆地的变化。正如不止一位观察家所说的那样，变化本身已经发生了变化。现在，几乎每个行业的市场和技术都会发生频繁且不可预测的变化，这就对企业的创新性、适应性和快速反应等特性提出了更高的要求。然而，绝大多数公司仍然建立在那种 20 世纪发展起来的，僵化的命令控制文化与官僚结构的基础上，以便在相对稳定的条件下优化日常运营。正如本书中的例子所显示的那样，许多新公司即使是依照之前行业领先公司的轨迹创建的，如今也都即将面临倒闭。

未来将属于那些能够应用新的管理模式、更好地适应时代发展的公司。在本书中，我们提出了一个已经在实践中得到自我证明的例子。

在对谷歌公司进行的为期一年的深入研究中，我们首次观察到了该公司使用的这种新方法的关键要素。我们的研究结果体现在一篇获奖的期刊文章和安妮卡·施泰伯（Annika Steiber）博士的上一本著作《谷歌模式：在一个快速变化的世界中持续创新的管理方法》（*Google Model: Managing Continuous Innovation in a Rapidly Changing World*）中。之后，在 2014 年，这本书由施普林格出版公司（Springer）出版时，我们扩大了相关的研究。我们的目标是尝试着去发现可广泛适用的管理模式。

因此，我们梳理了众多全球著名的商业学者、顾问、记者和高管的著作，寻找在快速变化的环境中最有效的管理模式的证据。我们还扩大了自己的调查范围，关注那些如谷歌一样，在硅谷的初创阶段就已经成长壮大的公司。这些公司包括特斯拉汽车公司（Tesla Motors）、Apigee，以及社交网络的引领者脸书（Facebook）、领英（LinkedIn）和推特（Twitter）。它们与谷歌一起，成为本书的主要"案例公司"。

并且，在考虑所有数据后，我们发现了一个显著的趋同结果。我们的案例公司所采用的管理原则和方法不仅彼此相似，而且与我们在全球文献调研中所确定的最佳方法相符。因此，本书作为一个综述的展现，包含了我们及他人的大量研究成果。短短的一卷书，将许多知识汇集成“一个连贯且实用的新模式，以便在不断变化的时代中进行管理”。我们认为，它在企业管理方面做出了原创性的贡献。

我们把这种新的管理模式称为“硅谷模式”，因为就目前来看，这种模式在那里得到了最高度的发展和最彻底的应用。之所以如此，是有其合理的原因的。本书介绍了致使硅谷出现新的管理方式的两大主要影响因素：该地区的创业文化与其作为信息技术（IT）产业推动者的角色——二者都需要并能促成快速变革。

然而，这种模式并不只适用于硅谷，不只适用于信息技术或互联网行业，更是成为即将影响世界各地所有行业的因素，包括信息技术的新可能，以及能够掌握我们所处的VUCA（易变性、不确定性、复杂性和模糊性）世界的个人和组织。事实上，硅谷模式的很多元素已经在不同地方得到了一定程度的应用。书中列举了从电信到纺织制造和番茄加工等行业的案例。

硅谷模式的一个主要特点是强调**创业精神**。狭义上，这个词通常是指创办新的公司，在此我们对其的定义与彼得·德鲁克（Peter Drucker）相同，简单地说，它是创造和开发新的商业机会的行为。我们将在书中继续解释它对老牌企业及大规模企业，甚至全球跨国公司都具有重要性的原因（我们所有的案例公司都已成为跨国公司）。

事实上，我们的案例公司之所以能够成长，关键在于它们“成功地将创业精神与大公司的管理相结合”。简单来说，它们就像是一个**拥有庞大体量的初创公司**。在有着良好成效的不断创新中，它们远远超过了其最初的规模和影响力。最重要的是，这种公司能够吸引且留住**创业者**，并让这种模式持续发挥作用。因此，尽管这些公司的命运在未来几年可能会不尽相同，但我们认为，它们所采用的“管理模式”已经通过了一系列重要的现实考验，并很可能会代表未来的浪潮。

本书的目标读者是董事会、首席执行官及其以下的高管、顾问、研究人员及其他学习或关注管理模式新变化的人员。书中有一些学术性的注释，比如，对于引用资料来源的标注。但总的来说，我们尽量以一种既不太随意也不太刻板的风格进行写作。并且我们也尽可能提供引文的出处，以及为新模式提供令人信服的背景和语境，同时加入大量的细节来展示该模式是如何实际应用的。

本书的编排如下：

- 第 1 章　世界瞬息万变。不是所有人都相信并需要一种新的管理模式，也不是所有人都能拥有充分推动这种需求进行变革的力量。本章为读者提供了可以让他们去说服对其持有怀疑态度同事的充分论据。
- 第 2 章　面向瞬息万变世界的六项基本原则。这里概述的六项基本管理原则（动态能力、不断变化的组织、以人为本的方法、双元组织、与周围环境建立联结的开放组织、系统性方法）已经被许多研究人员认定为是当今环境下进行良好管理的关键。

- 第 3 章　硅谷：管理创新的摇篮。本章中，我们重新对硅谷地区进行审视——不仅仅是作为一个“创业机器”或是新科技的枢纽，更是作为探索和完善管理企业新方法的中心。
- 第 4 章　创业精神：核心是什么，以及为什么必须将其应用于公司的管理中。本章打破了“创业者”只出现在创业公司中（并且只能在创业公司中发展）的神话。本章对现实情况进行了广泛且简明的阐述，并提出一种新的将创业精神与大公司管理相结合的模式。
- 第 5 章　特殊人群。每个公司都想招聘顶尖的人才，但关键条件是首先知道什么样的优秀人才是公司最需要的。本章描述了我们的案例公司所寻求的“特殊人群”的多方面属性，然后研究出相应一些可以吸引及留住这些关键人才的策略。
- 第 6 章　文化：新风尚。在迅速更迭的管理趋势中，出现了一种新常态。企业若想在快速变化的环境中竞争，必须拥有与其相适应的强大文化。本章我们将关注案例公司的企业文化，确定它们的一系列突出理念，并描述它们为把文化建设作为优先事项而采取的一系列措施。
- 第 7 章　领导创业。本章详细探讨了我们的案例公司和“其他”公司在引导创业行为中的具体措施。

- 第 8 章　动态及双元的创业型公司。新管理模式的两个重要方面：一个是动态能力，即感知新机会的能力，同时通过重新配置资源及改变公司结构以“抓住”这些机会；另一个是双元性，即优化当前运营并同时在新领域进行创新和试验的能力。本章介绍了我们的案例公司是如何组织公司并落实这些概念的。
- 第 9 章　硅谷模式。本章为综合章节，它将本书前面所描述的所有内容整合在一起，并为这种新的管理模式创建了一个完整的概念模型。
- 第 10 章　超越硅谷的影响。我们通过考虑“硅谷模式”如何更广泛应用的相关问题来结束本书。基本结论是，只要能很好地适应每个公司的特殊需求，这种模式就有可能得到非常广泛的应用并在全球范围产生影响。

我们希望，在这里提出的综述能给许多人的工作带来新的视野，从而使其得到公平合理的对待；我们希望，这本书在未来的岁月里，能够对世界各地的董事会成员、经理人、咨询顾问和学者起到激励和帮助作用。

在此，要向我们的家人、同事、案例公司和出版社表示感谢，是他们使本书得以出版。我们感谢里卡德·施泰伯（Rikard Steiber）和莎丽·谢因伯格（Sari Scheinberg），他们从一开始就鼓励我们写这本书，在长时间的伏案写作中，他们一直站在我们身后，不管是字面上还是象征上的意义。我们还要感谢迈克·瓦戈（Mike Vargo），他不仅协助我们撰写本书，还用新的见解补充了我们的知识。我们不认为我们能找到比他更好的、更有求知欲的、更值得信赖的同事来加入我们这个项目。我们感谢大卫·蒂斯（David Teece）、凯萨琳·艾森哈特（Kathleen Eisenhardt）、亨利·切斯堡（Henry Chesbrough）、亨利·埃茨科维茨（Henry Etzkowitz）、安纳利·萨克森宁（AnnaLee Saxenian）和查尔斯·奥莱利（Charles O'Reilly）等同事，他们在鼓励我们撰写本书的同时，在书中所涉及的关键领域也做了重要的研究。此外，我们也感谢六家案例公司给予我们的帮助：谷歌、脸书、推特、领英、特斯拉及 Apigee。最后，我们要感谢施普林格出版公司选择出版本书，感谢创新与技术管理研究所（IMIT）对本项目的支持，感谢我的朋友邬健冰为审阅译文所提供的友情帮助。

美国·加利福尼亚·硅谷

2015 年 8 月

Contents | 目录

第 2 章 | 面向瞬息万变世界的六项基本原则

第 3 章 | 硅谷：管理创新的摇篮

第 7 章 | 领导创业

第 8 章 | 动态及双元的创业型公司

第1章

世界瞬息万变

这是一本关于重塑管理的书。我们和其他许多研究该领域或从事该领域工作的人都相信，重塑管理的需求是巨大的。时至今日，大多数公司的管理模型仍然在沿用基于工业时代发展出的管理模型，然而世界已然进入一个瞬息万变的数字时代——一个与以往如此不同的时代，在这个时代下沿用过去的管理方式无异于将牛顿物理学应用于量子物理学世界。

当然，各地的管理者都在努力跟上时代变化的步伐。人们不断地在尝试新的管理方法和程序，其中不乏行之有效的方式与方法。问题在于，大多数公司都将努力错付于调整从根本上就不正确的管理体系，这本就是徒劳无功的，一如在即将覆没的泰坦尼克号上重新安排躺椅。从根本而言，这些公司及其管理者需要全新的导航方式。那些看似发展蒸蒸日上的公司，实质上却是忽视变革需求的公司，可能更多的是凭借了好运气。

在这本书中，我们提出了一个全新的管理模式以应对这个日新月异的时代，该模式源自对业内许多领先公司实际运作情况的研究。

引入一种全新的管理模式

我们一直致力于研究在快速变化的环境中运营的公司，并且特别关注作为“案例公司”的六家硅谷公司：谷歌（Google）、特斯拉汽车公司（Tesla Motors,）、Apigee，以及社交网络领导者脸书（Facebook）、领英（LinkedIn）和推特（Twitter）。它们的管理原则和实践，也就是说它们的价值观和方法论都惊人地相似。

这些公司是即使发展成为大公司也仍然具有“创业精神”的公司。它们起初都为市场带来了伟大的新产品，这本身并非易事，但自那以后，它们所做的就变得更加困难了。在当今世界，过去的领先企业可能很快被超越。但是它们不仅维持了最初的成功，而且在此基础上再接再厉。始终如一的是，这些具有创业精神的公司似乎能够持续应对挑战并找到新的机会，始终走在变革的前面。

对此的解释是，它们的管理方式与既定的范式截然不同。

- 它们的管理结构和方法，许多方面建立在与典型大型企业完全相反的原则和实践的基础上。
- 然而，最重要的是，这些公司建立在“创业者”的基础上。这些“创业者”不断提升自己的技能，并将他们的能力转化为创新成果。通过这样的管理，企业能够吸引和留住所需的创业人才。

在本书中，我们宣称，这种新的企业管理方式是针对管理专家加里·哈默尔（Gary Hamel）预见并呼吁的“范式转变”给出的答案。

> 未来商业需求与要务的实现，不在当下充满官僚主义的管理实践的能力范围之内。要使组织具备应对未来的能力，就需要一场管理革命，这一革命不亚于催生现代工业的革命。①
>
> ——加里·哈默尔（Gary Hamel）

我们选择将这种新的管理模式称为“硅谷模式”，②因为该模式似乎在该地区比在世界其他地区更为普遍，并且在我们的硅谷案例公司中得到了明确的实施。本章的其余部分将描述今天的经济如何及为何与过去的经济有根本性的不同，还有这将对管理产生什么样的影响。章节标题和内容如下。

- “变化的本质”——精确指出当今经济的真正差异，以及它对管理的意义，以确立背景。
- “两个行业的故事”——这部分展示了新型变革

---

① Hamel (2009), p. 92.

② 我们并不是最先提出硅谷模式的。在1996年一篇标题为“公司组织、产业结构及技术创新”的文章中，大卫·蒂斯（David Teece）教授按范围、结构和整体性定义了四种典型企业，其中一种被称为“硅谷模式”，其特征是具有扁平化的结构，更加以变革为导向的文化，以及更专业化而非一体化。

如何席卷了两个截然不同的领域，以及创业型企业是如何应对的。

- “正路与错失的机遇”：新旧管理模式的对比——这部分着重介绍了案例公司使用的一些新的管理方法，然后将它们与一个反面示例进行了对比——一家知名跨国公司无法调整适应，陷入困境的故事。

现在，让我们从绘制蓝图开始。

变化的本质（变化对于管理的意义）

当今世界，我们并不是生活在深刻变革时代的第一批人。从18世纪末到19世纪初，工业革命的前几十年带来了一系列名副其实的重大创新：工厂制度、改进的蒸汽机、机械织布机及铁路的出现，这些都是真正的“破坏性”事件。他们扰乱了未来几代人的基本生活和工作模式——经常引发颠覆者和被颠覆者之间的武装冲突，并在企业之间产生高风险竞争。

我们所处的时代也许无法与那个风起云涌的时代相提并论，但从另一个意义上说，它们极具挑战性。正如加里·哈默尔在《现在重要的是什么》（*What Matters Now*）一书中所写的那样，“变化已经改变”。[①] 过去的那些重大“破坏性”变化的数量越来越少，发生的频率变慢，而且它们的走向通常更容易被看出。每个人都知道，在早期的电力工业中，人们竞相修建从一个地方到另一个地方的铁路，或者赢得交流电和直流电系统之间的电流之战。

今天的局势是一团不断旋转、嗡嗡作响的变化云团。用理查德·佛罗里达（Richard Florida）的话来说，变化是“无处不在且持续不断的”。[②] 商业与其说是一场激战，不如说是一场游击战。到处都是惊喜——这里有难以预测的创新，那里有突如其来的市场变化——甚至很难判断你的竞争对手究竟是谁，去年奏效的战略，今年可能就成了灾难的源头。

世界是如何达到这种持续不断的变化状态的？琳达·格拉顿（Lynda Gratton）在她的《转变》（*The Shift*）一书中谈到了影响未来工作的五大“力量”：技术、人口、全球化、社会和能源。[③] 每个人都是变革的源泉。让我们简要地分析一下，每一份“力量”会产生多么迅速、持续的变化。

技术　技术变革被认为是指数级的，但严格意义上并非如此，某些技术（尤其是计算机芯片）的发展突飞猛进，而其他技术则不然。但是，技术的影响以超过线性复合速率的

---

① Hamel (2012), p. 85.

② Florida (2002), p. 5.

③ Gratton (2011), pp. 23–48.

速度增长，原因之一是很少有技术仅仅是一次性使用的工具或设备。正如麻省理工学院的科学家和创业者尤金·菲茨杰拉德（Eugene Fitzgerald）解释的那样，[①] 它们可以通过新的方式进行组合和再组合，就像把引擎、车轮、先进的金属加工方法等组合在一起来制造汽车一样。

此外，菲茨杰拉德指出，技术还可以与不同的商业模式和市场应用相结合。这才是可能性真正激增的地方。

从旅行预订到脑外科手术等领域，计算机芯片和软件正在与其他技术，以及不同的商业模式和市场应用相结合。随着世界上越来越多的人从不断增长的技术库中，选择合适的技术与商业模式进行组合，人们可以看到变化的速度如何成倍地增长，并且单凭这股“力量”就使这种可能性变得不可预测。

人口和社会 让我们把琳达·格拉顿谈论的其中两种力量浓缩为一个“人”的范畴。核心事实是，当人们的生活方式或价值观发生变化时，其影响将会波及整个商业世界。市场有时会发生根本性的变化，因为人们所购买的东西、购买方式及他们想要的商品的特性都会发生变化。与此同时，劳动力市场也发生了变化，随着越来越多的人的加入而不断涌入新的技能、特质和欲望。这就是业务分析师热衷于研究新世代的原因。

但是，从婴儿潮一代到X-Y-Z的所有世代都是这一重

---

① Fitzgerald and Wankerl (2010), pp. 19–30.

大且持续的转变的一部分。他们成长于第二次世界大战后，此时的经济增长使世界上更多的人变得更加富裕。正如长期进行的世界价值观调查（World Values Survey）所显示的那样，繁荣与价值观变化相关。在马斯洛的经典需求层次理论中，人们的需求层次在不断上升。用调查的术语来说，他们从一种“生存”的思维方式转变为一种更重视“自我表现”的思维方式。①

佛罗里达的著作《创意阶层的崛起》（*The Rise of the Creative Class*）一书中，举出了在美国的相关惊人事例。作者指出，他的家乡严重缺乏愿意接受机械师训练然后获得高薪稳定工作的年轻人，与此同时，越来越多的年轻人成为发型设计师，并且已经供过于求。即使这份工作收入较低，但在年轻人眼里看来却是更“富有创意”的工作。②

这对市场需求的影响是巨大的（此处仅提及佛罗里达和其他人观察到的一种影响）。随着人们寻求多种形式的新奇和满足，他们的生活变得更加复杂和碎片化。其结果是产生对新产品的持续需求。这些新产品有望节省时间或成本，并帮助人们在工作、户外活动和积极育儿等各个方面表达自我。

我们的书中将有更多关于工作场所的影响。将特别关注那些既想“创造变化”又想体验变化的高技能人才，他们就是创

---

① 世界价值观调查 (World Values Survey) 始于 1981 年，总部设在斯德哥尔摩，在世界各地都有贡献者和调查者。

② Florida (2002), pp. 85–86.

业者。

全球化的影响不需要太多解释，每个人都应该熟悉这样的基本知识：一个互联世界如何在激烈竞争和波动的同时创造新的市场机会。此外，还有琳达·格拉顿所说的，越来越多的环境问题及相关的能源问题。在这方面，有一些限制条件和法规需要进行更改，同时它们也为绿色产业创造不断扩大和演变的市场提供机会。

此外，这五种力量和变革的源泉都在同一时间运作，它们相互作用，从而共同构成了众所周知的 VUCA① 世界：易变性、不确定性、复杂性和模糊性。下一个重大事件或下一个重大威胁可能来自何处，将无从寻觅。

对管理的启示：旧方法的弊端

大多数公司在应对这种错综复杂的变化迷宫时缺乏充足的准备，因为它们的管理体制和原则在工业时代已经逐渐形成并稳定下来。2009 年，加里·哈默尔在由企业领导人和学者组成的“登月”（Moon Shot）会议上指出，原有管理体系的主要障碍包括：具有命令链和控制幅度的正式等级制度，严格指定的工作角色、规则和流程，高层小组进行战略决策，

---

① VUCA 是一个缩写词，用来描述或反映一般情况的易变性（volatility）、不确定性（uncertainty）、复杂性（complexity）和模糊性（ambiguity）。VUCA 一词被普遍使用始于 20 世纪 90 年代，源于军事词汇。随后它被用于战略领导的新兴理念中，并广泛适用于从盈利性公司到非营利性教育机构的各种组织。

对公司目标的狭义定义及相应的绩效评估和奖励。[①]我们在下文中将说明，这些组织特征或多或少地反映了亨利·明茨伯格（Henry Mintzberg）[②]所称的“机械型模式”（Machine Bureaucracy Model）的特征，这些模式如今仍被许多大型公司沿用。

正如哈默尔所指出的那样，旧制度有利于协调大量人员执行规定的任务。这是该制度最初的目的，用于管理大规模生产等大型复杂任务。但是，当任务变成“改变”任务时（看到新的机会，迅速转变工作方向，发展新的业务构想和商业想法并动员周围的人），几乎每个功能特征都变成了阻碍，这也是加州大学伯克利分校教授大卫·蒂斯在1996年所指出的。[③]

真正的、更官僚主义的结构很难重新配置。处于该结构的工作者习惯于在狭窄的思路中思考和行动（不管他们是否意识到）。顶级策略师寥寥无几，他们的观点也可能受到相应的局限。除了结构性问题，组织趋向于形成路径依赖（即使现在与过去的环境可能不再相关，但是一个人在任何给定的情况中所做出的决策都受到过去所做决策的限制）。因此，即便是将自己视为创新型领导者的企业，也会因此严重受挫。

案例 诺基亚曾经是全球手机生产制造业的领导者。最终，它不仅失去了领先地位，而且退出了市场。分析师一致

---

① Hamel (2009).

② Mintzberg (1980), pp. 332–333.

③ Teece (1996).

认为，其中一个最重要的问题是该公司对成就其地位的关键产品——塞班（Symbian）操作系统固守得太久了，而用户们却纷纷转向基于安卓或苹果操作系统的手机，因为他们认为后者更具优势。在诺基亚，及时更换操作系统将是一个重大的并且成本高昂的步骤，也与公司的既定思维背道而驰。因此，及时做出反应的动力根本不存在，更不必说在环境变化之前做出积极主动的改变了。[①]

琳达·格拉顿在一篇博客文章中进行了进一步的观察讨论。

领导者必须不断认识到自己的公司正受到破坏稳定性力量的冲击。警惕和观察这些力量的性质和速度至关重要。

在诺基亚，高层领导团队长期以来非常同质化（男性占多数，大多来自芬兰，大部分是软件工程师，多数在赫尔辛基受教育）。在亚洲快速发展的消费市场中，或者在源自硅谷的技术和设计领域中，他们处于领先地位的可能性有多大？

以这种方式经营管理的公司可能会变得像中世纪的骑士：以令人敬畏的迅捷速度向前驰骋，却被沉重而坚硬的盔甲所拖累，只能通过帽带上的狭窄缝隙向外窥视。这些勇士的时代结束了，并且以惨败告终。

---

① 此外，当诺基亚最终在 2011 年初决定替换塞班系统时，也是选择基于微软的系统，而不是安卓。关于最后一款基于塞班系统的智能手机的发布，诺基亚新任首席执行官史蒂芬·埃洛普（Stephen Elop）（之前就职于微软）宣布，这款手机将在一年内被一款搭载微软操作系统的智能手机取代。

新模式：创业型企业的本质

与此同时，创业型企业在瞬息万变的世界里蓬勃发展。由于它们倾向于根据原则和实践进行组织和管理，而这些原则和实践在许多情况下与大型传统公司的描述相反，因此它们已经落实了哈默尔团队在“登月”会议上提出的许多建议。如它们“限制了正式等级制的弊端”，并且具有更平面而灵活的结构而易于重构。[①]

重要的是，它们还吸引创业者加入“想要创造变革”的高技能人才队伍的行列。总而言之，这些企业准备在各个方面都按照创业精神的内核进行实践。

两个行业的故事

广泛而持续的变革已然成为各行各业的现实，而不仅仅局限在信息和通信技术领域的新进者当中。让我们看一看古老且似乎传统的行业——服装行业，以及一个多世纪前的信息通信技术行业——电话和电话服务行业。我们可以发现，在每一个案例中，变化都在急剧增加，一些公司获利，而另一些公司则在消亡。

① Hamel (2009), p. 93.

服装行业：纺织、服装、鞋类、零售

19 世纪初，纺织制造业是第一个实现机械化的行业。后来，成衣和鞋子也开始大规模生产，并且多年来，这一行业形成了一个相对稳定的格局。遍布各地的供应链将棉花、羊毛和皮革输送到区域制造业集群中，无数企业生产衬衫、外套、鞋子和其他物品，并通过已经建立的批发商和零售商渠道进行销售。

今天，一切都在变化。剧变始于 20 世纪下半叶，当时，技术和全球化的力量席卷而来。新的合成材料应运而生，并与天然纤维相竞争。随着制造业向世界低成本地区持续转移，美国东部和葡萄牙北部（合同承包制造中心）等地区的产业集群遭到了破坏，已有的销售渠道被互联网及分销和零售业的创新所打乱。

由于不断变化的生活方式影响了市场需求，“人”的力量变得更加不确定。服装行业必须对市场非常敏感，才能跟上时尚的变化。但是现在发生了更深刻的事情：人们开始不仅想要新款式，而且想要新种类的服装。比如，一个运动鞋的细分市场，直到 20 世纪 70 年代，还一直是一项利基业务。由于这个曾经被称为“远距离跑步”的神秘运动突然间成了一项广受喜爱的蓬勃发展的运动，一些公司推出的“跑鞋”不是薄底的竞技平底鞋，而是一种具有更大缓冲和支撑力的新型跑鞋。它们在市场上大受欢迎。这些公司在技术鞋的设计方面竞争激烈（现在仍在竞争），但这还不是全部。

消费市场的这种趋势很快引发了第二种趋势。人们发现跑鞋非常舒适，日常也可以随意穿着。随着社会标准的放宽，运动服装也出现了同样的情况。时尚成了人们购买的一个因素。以非运动为目的的“运动”商品销量飙升，许多商品的设计和营销都明确以时尚和舒适为基础。

市场赢家是像阿迪达斯（Adidas）和耐克（Nike）这样的公司。它们利用不断变化的趋势，同时在多个领域进行创新——多元化、多管齐下的设计和营销，供应链和企业部门的重组，零售渠道的建立（两家公司都有自己的品牌零售店）。与此同时，美国匡威（Converse）公司成为最大的输家之一。直到20世纪70年代，匡威以其独特的帆布鞋和橡胶鞋在篮球鞋利基市场仍占据绝对主导地位，并在网球鞋领域有着强劲的竞争力。该公司甚至抓住了销售日常用鞋的商机。但由于坚持传统的设计和商业方法，加之其他公司争先恐后地进入该市场的竞争，匡威最终于2001年破产。[①]

虽然阿迪达斯和耐克是更“传统”服装行业的赢家，但戈尔公司（W.L.Gore）出人意料地成了新的赢家。该公司起初是一家制造用于电子产品的聚合物包覆电缆的制造商。在发现其聚合物可以用来生产防水织物后，戈尔改变了策略，将戈尔-特克斯（Gore-Tex）材质转变为其最大的收入来源。另一个意外的赢家是葡萄牙的合同制造商Petratex。该公司开发了一种独特的工艺，衣服的各个部分无须大量缝线便可黏合在

① 参见Dukcevich（2001）。匡威后来被耐克收购，截至2015年，匡威品牌的鞋子仍在销售。

一起。该公司因在2008年奥运会中提供了应用该工艺生产的高级低摩擦泳衣，迅速从一众企业中脱颖而出。

这两个“出乎意料”的赢家引起了我们的兴趣，因为它们的成功故事并不全是关于技术突破方面，而是与它们的创业精神、企业文化和组织结构密切相关。

戈尔的“格子”组织是一种灵活的结构，它不依赖指挥链，而是允许团队成员围绕新项目和领导者进行组织。该公司经常出现在最佳雇主名单上，从而吸引了优秀的创业者。他们能够不断改进戈尔的产品，使其多样化，并寻找新的市场。[①]

Petratex是一家规模较小的新公司，也具有明显的非等级组织。2013年，一份葡萄牙商业杂志评论道：

> 所有重大决策都会在小组中进行讨论，并且通常在全体会议上进行……即使是管理决策，如经营场所的扩张和年度目标的确定……也通常需要进行集体讨论。

文章指出，首席执行官甚至有不希望被拍照的个人政策：“我不想被认出来。我希望大众能了解我们公司及在这里工作的员工的素质。”他进一步谈到，由于公司不断开发新流程，寻求不寻常的新市场应用，因此招聘的都是一流的冒险家，而不是安全寻求者。Petratex为客户制造了一款带有嵌入式微传感器和变送器的高科技汗衫。病人如果穿着这种衬衫，

① Nicholls-Nixon (2005).

衬衫就可以监测他们的身体机能，并在必要时发出求救信号。Petratex 还为不断增长的全球客户群进行更加高科技的研发工作。首席执行官定期与员工阐释公司的愿景：“我们希望改变纺织业。”其理念反映了我们正在讨论的原则。事实上，刚刚提到的案例恰好符合加里·哈默尔“登月”计划的第一项。

确保管理工作服务于更高的目标。

大多数公司都努力使股东财富最大化，这一目标在许多方面都是不够的。财富最大化作为一种情感催化剂，缺乏充分调动人的能量的力量……未来的管理实践必须着眼于实现具有社会意义的崇高①目标。②

这些来自纺织制造业的例子表明，即使是在信息和通信技术部门以外的行业，③新的管理模式的明确特征也在不断变化的时代中涌现。

电话和电话服务行业

这是一个变化的速度和性质比过去大得多的行业领域。让我们比较一下电话技术的前 50 年和最近几十年。

---

① 崇高目标在日本文化中也很重要——这一点是由 ABB 的珀西·巴列维 (Percy Barnevik) 被视为世界思想领袖之一时强烈提出的。

② Hamel (2009), p. 92.

③ 甚至可以说，当新的管理模式出现时，纺织行业通常会引领发展。例如，使用外包、专注于设计和分销及苹果后来在其行业中采用的“店中店”概念。

商业上可行的电话技术是在19世纪70年代中后期发展起来的，并迅速推向市场。1880年，斯德哥尔摩开设了第一个电话交换机；随后在许多国家出现了一段狂热的扩张时期，成千上万的初创公司（仅在美国一度就多达6 000家）制造或购买电话设备，铺设线路，并提供服务。

然而，在电话技术发明50年后，也就是20世纪20年代中后期，电话服务在许多地方的普及率仍然很低。1926年，斯德哥尔摩每100人有28部电话，[①]而伦敦和布鲁塞尔每100人只有6部。[②]此外，到了20世纪50年代，几乎每个家庭和企业都有一部电话，向用户提供的服务仅在某些方面发生了变化：可以拨打大多数电话，而不是通过接线员连接，并且在公共场所有电话付费。

现在将电话与手机的发展和普及做个对比。电话网络首先出现时，为近40千克重的车载电话提供服务。第一款真正可以放在公文包里携带的便携式手机是摩托罗拉的Dyna TAC，重约1 000克。它于1983年上市，价格接近4 000美元。

与此同时，电话网络也在不断完善（瑞典和其他北欧国家再次领先）。因此，从20世纪80年代中期开始，“便携式”

---

① 斯德哥尔摩的电话普及率几乎是其他主要城市的五倍的主要原因是领先参与者的商业策略。瑞典的拉斯·马格努斯·爱立信（Lars Magnus Ericsson）将电话市场视为更广泛的群体并专注于低价策略，而美国的创新者亚历山大·格雷厄姆·贝尔（Alexander Graham Bell）最初以相当有限的方式看待市场，并采用了高价策略。该电话由贝尔于1876年推出，到1885年，斯德哥尔摩已经成为世界上电话最多的地方：“SAT的经营理念使斯德哥尔摩在1885年拥有的电话数量超过了世界其他任何地方，无论人均还是绝对数字。斯德哥尔摩有4 832部电话，柏林有4 248部电话，伦敦有4 193部电话，巴黎有4 054部电话，纽约有3 700部电话。”（Karlsson和Lugn）。

② 这些统计数据来自Huurdeman（2003）。

手持电话和像样的手机网络首次出现。再看看2015年的情况，仅仅约30年之后就发生了巨大的变化。

- 手机体积小巧，价格合理。
- 市场渗透率惊人。截至2013年，世界上几乎每个人都有一部手机——全球接听量为68亿，每100人中就有97部手机。布基纳法索是世界上最贫穷的国家之一，每100.24人中有50部以上手机。
- 手机的功能不仅仅是提供通话连接，越来越多的手机是智能手机，搭载了更为强大的功能。

这一切都发生在多重变革力量汇合的时候。手机组件技术突飞猛进。在许多地方，解除电信管制或打破垄断等社会决策为商业进步打开了大门。由于发展中国家和地方的人们经济水平提升（或手机成本下降到他们的消费水平），因而他们也都拥有了手机。

智能手机目前已成为标准的市场产品，是一项跨越国界的发展。实际上，它可以看作是手持式、联网的计算机及电话。通过在单个设备上传送如此多的用户服务和活动（例如拍照、播放视频和音乐、访问网络等），手机既成为必不可少的便利设备，又能带来庞大的收入。

智能手机领域的两大赢家是那些从没有涉足任何电话业务的公司。它们是跨越国界的创业型企业：一个是苹果，它的 iPhone 操作系统，与 iTunes 应用程序商店平台相连接，这些平台是高度网络化的系统，可以引入他人创造的内容和应用程序服务；另一个是谷歌，它拥有安卓操作系统和越来越多的相关在线服务。

我们可以学到什么

与此相关的问题是，这两家公司是如何在快速变化的环境中进行创业管理的？目前，我们将仅提及从该示例中得出的一些要点。这些要点将反复出现，并在后面的章节中进一步说明。

其中一个要点是，创业型企业对自己的业务有着远大而广阔的愿景，而不是局限性的愿景。谷歌的使命宣言是“汇整全球信息（资讯），供大众使用，使人人受惠”。这一愿景契合了该公司最初的搜索业务，对这一使命的追求也自然催生了智能手机平台，并为移动用户带来了搜索功能、谷歌地图和其他服务。所有这些都是使用信息技术来组织和传递有用信息的形式。

另一个要点是，这些公司采用开放的、网络化的创新方法。它们能够通过利用公司外部的想法和创新来扩大影响范围。苹果通过其应用商店（App Store），已经成为编写在苹果设备上运行的新应用程序的外部开发者的主要市场，也是最初的创建者；而 iTunes 是外部内容开发者的主要市场。当两者与苹果手机捆绑在一起时，它们就形成了一个有吸引力的用户套餐，为苹果赢得了许多新客户。谷歌从为基于安卓设备编写应用程序的外部开发者那里获得了类似的收益，而其广受欢迎的“内部”应用程序谷歌地图实际上就主要是通过从外部获取技术和人才来开发的。

最终，尽管苹果和谷歌在进入手机市场之前都已经发展壮大，但这些大公司进入新的业务领域时展现出了初创公司的灵活性和主动性。在 2010 年的一次采访中，史蒂夫·乔布斯（Steve Jobs）强调了保持“创业”特征的重要性。

> 你知道苹果有多少个委员会吗？零。我们像初创企业一样组织起来。一个人负责手机操作系统软件，一个人负责电脑硬件……它组织得像一家初创公司。我们是地球上最大的初创公司。我们每个星期都商谈三个小时，谈论我们正在做的每件事。

乔布斯将苹果的活力归功于“整个公司的团队合作”，大量自主团队“都信任其他人”。他补充道：“这正是我们真正擅长的。我们非常擅长如何将事情分解给我们拥有的优秀团队，然后我们会频繁地取得联系，并将其整合成一个伟大的产品。”

正如我们稍后将看到的，硅谷的许多公司都有扁平、灵活的结构，这些结构由围绕公司“中心”组织的团队组成——这与金字塔式的官僚等级制度不同，这种等级制度结构中部门处于多层控制之下。谷歌甚至还发起了内部“官僚主义破坏”活动，以便在开始时就发现并消除那些抑制性的结构或政策。此外，谷歌在通过关键广告词（AdWords）计划获得了可观的收入后（该公司最初的主要收入来源），在招聘创业人才和开发除互联网搜索以外的新业务方面投入了大量资金。所有这些步骤都表明，从组织结构到招聘和投资管理的各个方面，谷歌都致力于保持创业精神和创新精神。[①]

正路与错失的机遇：新旧管理模式的对比

我们将通过介绍案例公司来结束新经济的概述之旅，这些案例公司都是设法保持进步和创新的创业型公司。本章最后用一个警示性的案例作为结尾，一家拥有悠久创新历史的杰出公司，却因陷入其既有文化和商业模式的误区而错过了关键机遇。

寻找正路：创业之路

建立创业型公司不能依赖于单一方法。现代商业环境过于复杂和不可预测，不存在任何成功的“秘密”。然而，只要简单回顾一下硅谷公司就会发现，它所遵循的基本原则确实与许多传统公司的原则截然相反。既然我们在上文中提及有关谷歌的故事，那么让我们从三个人际网络公司开始来看一下其他的硅谷公司。

① 后面的章节将更详细地探讨谷歌管理的其他方面。

脸书（Facebook） 任何在这家公司学习或工作的人都知道马克·扎克伯格（Mark Zuckerberg）的箴言：快速行动，打破常规。这个想法就是要积极主动，并且创设勇于实践创造性、破坏性的创业艺术的环境，“打破”脸书网络平台或商业模型的某些方面，并用一个更好的模式来取代它。

在新项目上，脸书强调极速。然而，这并不意味着人们只是机器上的螺丝钉，将其放入插槽中并被无情地推动以获得快速回报。脸书对新员工表现出了极大的耐心和灵活性。即使在入职公司一段时间后，公司也会鼓励员工转换到能够更好地发挥自己能力的新岗位，比如，一名被聘为律师的人进入了产品开发领域（并发展得很好），一名会计成了公司内部的教练和培训师。

领英 在这个公司，首席执行官杰夫·韦纳（Jeff Weiner）拥有自己的管理理念：“下一场比赛！”他告诉《纽约时报》，他是从一位成功的篮球教练那里学到的。根据韦纳的说法，每当快速进行的比赛改变了方向时（无论球员发挥良好还是犯下错误），这位教练都会大喊：“下一场比赛。”因为他不希望球队处于挥之不去的光环或是阴影之下。

韦纳还谈论了他的感想：“领导者与管理者之间的区别。管理者会告诉人们该做什么，而领导者会激励他们去做。”这是我们稍后将要讨论的主题，因为大多数具有创业精神的创业者对基于正式授权的命令甚少听从，但他们确实会对灵感和指导有着更好的反馈。

推特（Twitter） 前首席执行官迪克·科斯特洛（Dick Costolo）以营造相互竞争的企业氛围而闻名。他告诉记者，当他刚来到公司时，发现其似乎过分强调维护团队和谐。因此，科斯特洛指示他的管理团队："如果您不同意我们正在讨论的内容，则有义务在会议上表达异议。"[①]

科斯特洛还指出，对公司外部的思想持开放态度并不意味着盲目地采纳它们。推特有时会从谷歌招募员工，科斯特洛说，当其中一人介绍一个想法时说："在谷歌，我们……"他会立即提醒那个人，"这不是谷歌"——也就是说，公司之间的资源有很大不同。更重要的一点是，必须认真和创新地思考自己目前的处境，而不是自动沿用过去成功的工作思路。在我们的研究中，汽车公司在这一点上表现得尤为突出。

特斯拉汽车公司（Tesla Motors） 在经过数年的全新电动汽车推广后，2014 年夏天，特斯拉迈出了非传统的一步——开放了自己的专利组合。创始人埃隆·马斯克（Elon Musk）解释说，该公司知道"我们真正的竞争对手不是正在生产的非特斯拉电动汽车的涓涓细流，而是每天涌入世界各地工厂的大量汽油车浪潮"。[②] 专利的共享是为了加速电动

---

① 这几乎与摩托罗拉前首席执行官鲍勃·加尔文（Bob Galvin）试图使摩托罗拉人更加意识到群体思维的风险和反直觉思维的重要性完全相同，参见亚历克斯·奥斯本（Alex Osborn）1991 年的著作《你的创造力》（*Your Creative Power*）。

② 马斯克在一份名为"我们所有的专利都属于你"的简短文件中宣布了这一举措，见马斯克（2014）。标题的英文语法很糟糕，但显然是故意这么写的，这是对一款老游戏（Dubs，2009）中一句翻译不当的话的幽默调侃。

汽车的发展和普及。

虽然最终结果尚未可知，但一些因素表明，特斯拉此举考虑周全、时机恰当。公司的前景确实与整个行业的前景息息相关。那时特斯拉已经成为一家持续经营的公司，而且，在如此多的变革力量发挥作用的情况下，中国电动汽车的机会之窗可能不会无限期打开。

马斯克说，特斯拉将寻求未来的行业领导地位，不是通过申请专利，而是“通过吸引和激励世界上最有才华的工程师的能力”。

Apigee 这家快速发展的信息技术公司为企业客户提供智能应用程序接口（API）平台和相关服务。其目的是帮助客户公司更快地开展数字业务，更有效地使用其企业数据，并为其客户和工作团队提供更“互联”的体验。对于这家公司来说，挑战在于不断地改进平台，同时添加变化很大的新服务（如提供预测分析，这是一项非常复杂的服务，包括监控网络上的访客流量模式，并为客户提供应用程序接口的基础教程）。

为了维持这种开放式业务，Apigee 拥有非常灵活的管理风格。员工没有固定的工作时间表或规则。大多数人没有明确的职位名称。重点是招募高技能、能够保持上进并实现自我激励的人，给他们经营的空间，几乎没有自上而下的指令。公众网站 Glassdoor 上的员工评价将 Apigee 的工作环境描述为一个具有“令人惊叹的学习机会”和“高度的员工活力和参与度”

的“极具挑战性”的工作环境。它也被描述为“一家员工致力于他们想从事的项目，并以最适合他们的方式做出贡献的公司……人们正在努力消除隔阂、头衔和等级制度”。

错过机遇：柯达的前车之鉴

我们现在用一个不幸的故事来结束本章——柯达公司的衰落。这是一家有着悠久创新历史的杰出公司，尽管如此，它却因陷入现有的文化和商业模式的误区而错过了一个至关重要的机会。

多年来，柯达[①]一直是全球摄影胶片的领导者。它还引领了美国相机市场，并且在开发新产品和技术方面非常强大。柯达公司于20世纪70年代发明了第一台现代数码相机，随后更多的进步（例如在数字图像传感方面）接踵而至。但令人难以置信的是，几十年来，该公司出于担心这些数字发明会分散胶片核心业务并与之竞争，一直将它们搁置。

最后，随着胶卷销量的下降和世界数字化的发展，柯达在21世纪初将自己的数码相机推向市场，并且赢得了好评，迅速成为美国最畅销的产品，但这已经无法提供公司急需的净现金流。那时，数字技术已经商品化，相机已经变得越来越便宜，而且质量也越来越好，柯达不得不保持低廉的价格来竞争。实

① 柯达与通用电气、杜邦一起，是定义美国现代大公司的三大公司之一，曾是建立研究实验室的先驱者。在20世纪初，柯达是创造大众市场相机的领导者，在20世纪60年代的Instamatics中重新创造了这种领导地位——所有这些都是基于作为柯达支柱的胶片技术。

际上，柯达在出售的每台相机上都存在亏损。

彭安东（Antonio Perez）在2005年被任命为柯达首席执行官，负责完成扭转公司局面的任务，[①] 他知道这项任务将是巨大的。正如一年后的《商业周刊》所述：

> 在一个充满创新的时代，许多像彭安东这样的首席执行官发现，仅凭产品创新不足以挽救病重的公司，也不足以增强健康的公司。对于这些公司来说，它们的核心业务正在受到破坏……必须重塑公司。

在柯达，这将需要重塑公司的文化。《商业周刊》评论道：

> ……改变柯达的悠久传统仍然很困难。其中之一是一种等级制的文化，它相信领导的无所不能。这种习惯如此强大，以至于彭安东于2003年从惠普（HP）来到柯达担任首席运营官时，他无法让人们公开反对他。他感叹道："如果我说正在下雨，即使外面阳光明媚，也没人会和我争论。"

---

① 但是，柯达董事会已在数字时代来临的12年前采取措施，1993年招募了摩托罗拉的首席执行官乔治·费舍尔（George Fisher）来带领公司迈向新的方向。1997年10月，彭博商业（Bloomberg Business）问"乔治·费舍尔是否可以修复柯达"，并提供了以下情况的分析："但批评家说，费舍尔在解决柯达的基本内部问题方面反应迟钝——公司文化陷入了早期制造时代遗留下来的思维定式，而且成本过高。他没有宣布四年前裁员艰难的新时代，而是聘请了一个新的团队来监督胶片业务，决定将柯达传统胶卷业务的成本削减至最低，希望柯达的数字收入能够增长到足以支持它的水平。费舍尔正在柯达处理的根深蒂固的官僚文化比他在摩托罗拉时代所面临的要深得多。尽管他已采取措施进行调整，例如建立按绩效付费的标准，但陈旧的生产文化继续阻碍费舍尔将柯达转变成高科技成长公司的努力。一位行业高管说：'费舍尔能够从根本上改变文化。'但是他无法改变庞大的中层管理人员，他们只是不了解这个（数字化）世界。"

柯达采取了激烈的措施——原有的管理人员被解雇，新的管理人员被引入；定义了新的重点领域和目标市场。但这些举措为时已晚。2012 年，柯达宣布破产，出售了许多业务。在写这篇文章的时候，这家规模大减的公司正在寻找与成像和印刷相关的专业市场的立足点。这很可能是一条复兴之路——但最好是在偏离轨道这么远之前就找到正确的道路。

正如柯达的案例所示，即使曾经是著名的技术创新者和行业领导者的公司，也可能会陷入困境。柯达以前基于胶片技术的成功使自己的文化根深蒂固，以至于尽管该公司在新兴数字技术方面拥有世界一流的能力，但将这些技术推向市场的创新能力还不够。

展望

本章探讨了如今的经济与过去相比有何本质区别及为什么如此。我们认为，传统的管理方法在如今快速而普遍的变革中失败了，并且已经看到了新模式所包含的某些特征。这种新模式旨在在变化中快速适应、积极尝试、主动开放和迅速发展；它围绕着吸引有技能的创新、创业者并聘用他们，以使整个公司具有创业精神。在下一章中，我们将深入探讨保持长期竞争力的六个基本原则，以及在瞬息万变的行业中，企业应遵循先进的有竞争力的原则。

参考文献

Central Intelligence Agency. (2013). *CIA world factbook 2013*. New York: Skyhorse Publishing.

Fitzgerald, E., & Wankerl, A. (2010). *Inside real innovation*. Singapore: World Scientific Publishing.

Florida, R. (2002). *The rise of the creative class*. New York: Basic Books.

Gratton, L. (2011). *The shift: The future of work is already here*. London: HarperCollins UK.

Hamel, G. (2009). Moon shots for management. *Harvard Business Review*, 87(2), 91–99.

Hamel, G. (2012). *What matters now.* San Francisco: Jossey-Bass.

Huurdeman, A. A. (2003). *The worldwide history of telecommunications*. Hoboken: Wiley.

Mintzberg, H. (1980). Structure in 5's: A synthesis of the research on organization design. *Management Science,* 26(3), 322–341.

Nicholls-Nixon, C. L. (2005). Rapid growth and high performance: The entrepreneur's "impossible dream?" *Academy of Management Executive*, 19(1), 77–89.

Teece, D. (1996). Firm organization, industrial structure and technological innovation. *Journal of Economic Behavior and Organization,* 31(2), 193–224.

第 2 章

面向瞬息万变世界的六项基本原则

促成这本书的旅程始于我们的合著者之一安妮卡·施泰伯（Annika Steiber）构想的一个雄心勃勃的计划，目标是总结和综合相关企业在快速变化的环境中成功进行创新所需的最佳思路。

管理学者和其他研究快速变化的环境中的公司的学者就此主题撰写了大量文章，通过商务媒体以各种形式的文章、书籍、演讲、网络广播等不断传播新的发现。关于如何与时俱进的资料太多，以至于一个试图跟上时代步伐的管理者会因查阅这些材料而无暇顾及其他任何事情。

因此，我们的想法是看能否将这一庞大的知识体系提炼成几个基本原则。经过一番努力，通过对文献的回顾，我们总结出了如下原则。除此以外，为了拓展自己的工作，施泰伯博士在谷歌（Google）进行了为期一年的实证研究。谷歌显然是世界上最成功、最具创新精神的公司之一。这些原则在谷歌的实践中被证实是适用的。这些原则发表在《谷歌模式：在快速变化的世界中管理持续创新》（以下简称《谷歌模式》）一书中。[1]

由于这些原则是从大量的知识中提炼出来的，因此我们将在本章中简要地描述这些原则，然后再深入研究作为创新管理摇篮的硅谷，以及我们在分析六家案例公司时发现的企业替代管理模式的要素。在第 9 章的后面，当总结所有的发现时，我们会回顾这些原则。

众多研究人员已经将这些原则确定为解释企业如何在当今瞬息万变的环境中取得成功的关键。简而言之，它们是如下六个方面。

（1）动态能力。包括感知并塑造机会和威胁的能力，抓住机会的能力，以及根据需要维护和重组资源的能力。

（2）不断变化的组织。如果企业直到问题出现才采取行动，就为时已晚。企业应该采取积极主动的变革方法。

（3）以人为本的方法。该原则基于以下信念：人们希望并需要发挥创造力，而公司必须为他们提供一个可以发挥创造力的环境。

（4）双元性组织。创业型企业将两种不同形式的组织逻辑结合起来，以优化日常生产。前者采用传统的计划与控制方法，后者则需要更大的自由度、灵活性和对实验更开放的态度。企业不仅要平衡这两种逻辑形式，还要利用它们之间的差异所蕴含的能量。

（5）与周围环境建立联结的开放组织。一家公司或多或

① Steiber (2014).

少可以对与周围环境的整合持开放态度。虽然没有一家公司是完全封闭的系统，没有明显的边界将它们与外部世界隔开，但它们可能或多或少具有可渗透边界，从而影响其与周围环境交换信息和知识。希望长期生存的公司需要发展成更加开放的网络系统。

（6）系统性方法。公司必须从流程的角度转变到系统的角度，以便理解和提高它们持续创新的能力。系统是“具有特定属性的元素的集合，这些元素之间及这些元素的属性之间存在联系”。①

现在我们将对每一条原则都进行更深入的讲解。下面的章节通过总结研究人员和其他人所注意到的关于这些原则背后的逻辑以及如何最好地付诸行动，来描述这些原则的“内在原因”和“实现途径”。更重要的是要记住，这些原则是相互依存的。例如，第一个原则，即动态能力，可以受到其他几个原则的积极影响，如不断变化的组织和双元性组织。

关于这部分的讨论主要摘自施泰伯博士的《谷歌模式》一书。

动态能力

“在当今的环境中，成功可能‘很少取决于企业针对

① 系统性方法的先驱埃里克·兰曼（Eric Rhenman）教授介绍了这个定义。我们更喜欢用“元素”这个词来表示埃里克·兰曼的系统“组件”，在第 9 章讨论系统概念时也会这样处理。

已知限制条件或阻碍进行的教科书式优化或通过扩大经营规模获取规模经济效益。相反，企业的成功取决于机遇的发现和发展……’”[①]受人尊敬的管理学学者大卫·蒂斯在他 2007 年的论文《阐释动态能力》（*Explicating Dynamic Capabilities*）中如是写道。为了理解其重要性，让我们先回顾一下企业的观点是如何变化的。

核心竞争力匮乏

关键的事实是，企业必须发展才能生存。1959 年，伊迪丝·彭罗斯（Edith Penrose）首次提出增长理论，[②]成为“资源基础理论”（resource-based theory）[③]的基础。该理论解释了一个公司的竞争优势来自它的资源。普拉哈拉德（Prahalad）和哈默尔（Hamel）（1990）将“核心竞争力”定义为“组织中的集体学习”“提供了进入各个细分市场的潜在途径……‘核心竞争力’应为最终产品能够满足客户利益做出重大贡献……而且竞争对手也难以模仿”。[④]但后来发现，当外部变化加速时，这些核心竞争力可能会失去价值，甚至可能成为障碍。[⑤]

20 世纪 90 年代初，IBM 的情况似乎就是如此。这家公

---

① Teece (2007), p. 1320.

② Penrose (1959).

③ Wernefelt (1984).

④ Prahalad and Hamel (1990), pp. 82–84.

⑤ Leonard-Barton (1992).

司几乎从一开始就在计算机时代占据了主导地位，它的大型计算机非常可靠（在计算机并不总是可靠的年代），而且定期进行改进更新并提供良好的售后服务。当时，几乎所有企业都会主动选择 IBM 的产品。因此，在购买者中流传着这样一句话："没有人会因为从 IBM 购买产品而被解雇。"后来，随着个人电脑的出现，1980 年发布的 IBM 个人电脑也迅速在这个新兴市场获得了巨大的份额。那时，大多数个人电脑都是（现在仍然）卖给企业的，对于许多已经依赖 IBM 大型机系统的客户公司而言，还能找到比其更合理的选择吗？

然而情况急转直下。随着客户端服务器系统的出现及个人电脑的普及，大型机的销量下降了。与此同时，个人电脑购买者很快意识到，尽管同类竞争产品没有 IBM 标签，但大多数都与 IBM 兼容，并且随着价格的竞争加剧，个人电脑逐渐成为低利润商品业务。突然之间，IBM 在计算机市场上稳固的地位已变成摇摇欲坠的局面。随着收入和股价的下降，该公司进行了有史以来的首次大规模裁员，且仍在努力采取积极措施恢复繁荣。

动态能力：企业资源的新概念

曾经有一段时间，市场主导型大公司的价值创造资源保留了它们的价值，因为这些公司在很大程度上与外部变化绝缘。垄断、许可证、规模优势和政府监管使得竞争对手很难进入一个特定的市场。现在这些障碍很多都消失了，在核心竞争力不变的情况下，企业要保持竞争力就更加困难了，因此需要一个更具动态性的模型。

在全球市场上取得成功的公司能够及早发现并应对变化。它们迅速开发新产品和(或)商业模式，并相应地重新配置内部和外部资源，这可能需要改变、增强或重新引导核心竞争力。这种竞争优势的新来源被蒂斯[①]等研究人员称为“动态能力”。

蒂斯将这些能力描述为了解“如何正确地为明天配置今天的资源”的问题，并说明这些能力包括三种类型的活动——“感知”“捕获”和“转型”。他将其定义如下。

- 感知意味着识别和评估公司外部的机会；
- 捕获就是调动公司资源，从这些机会中获取价值；
- 转型是持续的更新。

IBM 通过采取此类行动，成功开发动态能力，因而东山再起。公司复兴的漫长历程可以浓缩为几个剪影：虽然 IBM 遭遇危机，但企业在 IT 市场中仍然存在大量机会。公司在设备上的支出变得更加谨慎，但是他们比以往任何时候都更加依赖于信息技术的使用和应用。IBM 管理层的一个关键范式转变是推广新的使用核心能力的方式，或至少在重点转型方面应用核心能力。IBM 在理解和满足企业的 IT 需求方面仍具

① Teece (2007).

有难以匹敌的能力，因此它并不需要通过体现其在机械方面的专业知识来获得巨额收入。该公司可以通过出售其他形式的专业知识而蓬勃发展。IBM 开始逐渐这样做，它强调提供IT“解决方案”、服务和关键软件。为了提高在这些领域的能力，它收购了普华永道的咨询部门。[①] IBM 仍在生产一些大型计算机，这是一种它擅长的硬件——但利润率很低；日趋商品化的个人电脑业务被卖给了联想。这一系列举措为 IBM 抓住变化中的机会提供了重要的“资源动员”。IBM 还创建了用于持续不断更新的系统。例如，战略规划被大大修改了。正如一份白皮书——一篇由 IBM 前高管和两名管理学者合著的论文——所描述的那样：

战略制定过程已从年度惯例转变为连续过程，从注重计划转变为采取行动，从员工职能转变为直属经理拥有的职能，从仅关注战略转变为专注于战略和执行两者……[②]

在 IBM，战略是总经理与高级管理人员之间关于公司未来的持续而有条理的对话……战略团队本身主要由部门直属经理组成，他们花费 18～30 个月的时间来深化其战略技能。这些人是由 IBM 高级管理人员指派的，没有战略部门的参与。这不仅拓宽了战略团队的视野，而且是确保公司未来的高级

① Richtmyer (2002).

② Harreld et al. (2006), pp. 33–34.

管理人员具有深厚的战略技能的宝贵发展工具。①

简而言之，这就是一家领先企业试图将动态功能嵌入其管理中的一个实例。

在变化幅度和变化频率不同的环境中运营的不同公司之间，动态功能的重要性可能会有所不同。根据市场的可变性，从对稳定过程和可预测结果的详细分析，到具有不确定过程和不可预测结果的简单实验，都显示了这些能力可能不同。②无论如何，动态能力都应渗透到整个组织中。该原则将管理人员利用机会、应对威胁、结合和重新配置公司和其他特殊资产共享资源的技能联系在一起。它提供了满足新客户需求的方法，并增强了公司的发展能力。通过这样做，它还为客户、员工和投资者创造了长期价值。

不断变化的组织

在快速变化的环境中，公司需要不断地、主动地改变他们的组织。③仅在需要时才进行改变是远远不够的，比如紧急重组。企业必须有持续的、主动的变革过程。

---

① Harreld et al. (2006), pp. 33–34, 29.

② Brown and Eisenhardt (1997).

③ Brown and Eisenhardt (1997).

肖娜·布朗（Shona Brown）和凯瑟琳·艾森哈特（Kathleen Eisenhardt）在其所著的《边缘竞争》[①]一书中描述了公司应该进行的三个层次的变革：反应、预期和领导。预期（高于“反应”的层次）涉及的不仅仅是发现商业环境变化的早期迹象，它还包括通过组织资源和创造战略选择为未来做准备。正如作者所言，领导力就是采取“迫使其他公司效仿和遵循”的措施。这包括如下步骤：开发新技术或产品，创建新市场，提高行业标准，或重新定义客户期望。

布朗和艾森哈特引用英特尔的例子，其是一家在三个层面上运作的公司。我们知道，20 世纪 90 年代是计算机新纪元的开始。互联网得益于当时新的万维网技术，成为公共通信渠道，而计算机图形和处理能力的进步很快将个人电脑变成具备多功能的多媒体设备。起初，人们并不清楚这些趋势将如何发挥作用，但英特尔的经理们迅速行动，做好了准备。

在 20 世纪 90 年代早期，英特尔与电信、有线电视和电影公司建立了未来发展联盟。这些联盟包括与 MCI 合作开发互联网服务器，与好莱坞巨擘创意艺术家机构（CAA）合作建立媒体实验室。此外，英特尔的高管们还悄悄地在超过 50 多家媒体、互联网和图形公司投资超过 5 亿美元……[②]

① Brown and Eisenhardt (1998a).

② Brown and Eisenhardt (1998a), p.6.

英特尔的风险投资部门英特尔资本（Intel Capital）播下了变革和增长的种子。作为一家芯片制造商，英特尔还投资开发芯片新用途的公司（这也是原则5的一个示例，它是“一个与周围环境建立联结的开放组织”）。

一些允许持续变化的实践

布朗和艾森哈特还指出，一些公司通过一种他们称之为“时间节奏”的方法来推动自己引领变革。这意味着改变不是因为外部事件的要求，而是因为时间在流逝，领导者必须持续性地做一些新的事情。[①] 有些公司设定了按时间进度计算的收入目标，例如“每年我们收入的X%应该来自过去N年计划推出的新产品”（3M和吉列就是其中的例子）。

变革发生在秩序与混乱之间的边界地带。[②] 公司面临的挑战是不要被太多的秩序所束缚，但同时也不要变得太混乱。解决方案是复杂的、不可控的，但可以自我适应的程序，即自组织，它产生于结构灵活度不至于阻碍变革的地方。在每个人都清楚知道目标是什么的情况下，个人可以根据发生的事情决定单独或分组行动。

晨星（Morning Star）是一家总部位于加州、拥有数百名员工的食品加工公司，它似乎已经达到了这种平衡。员工们不仅自我组织了团队，还通过协商年度合同，确定相互工作

---

① Brown and Eisenhardt (1998b).

② Brown and Eisenhardt (1997).

关系的条款，为彼此或整个企业提供特定的服务。他们甚至形成了自我组织的等级制度，在这种制度下，某个表现出特殊技能的人被公认为是该领域的“权威”（不是有权力发号施令，而是作为一个其观点具有影响力的专家）。[①]

在《哈佛商业评论》（*Harvard Business Review*）的一篇文章中，加里·哈默尔采访了晨星的创始人兼首席执行官克里斯·鲁费尔（Chris Rufel），后者用一个比喻解释了自己的管理哲学。

> 云的形成和消失是因为大气条件、温度和湿度导致水分凝结或蒸发。组织也应该是一样的，结构需要根据作用于组织的力量出现和消失。当人们可以自由行动时，他们就能感受到这些力量，并以最符合现实需求的方式行动。[②]

事实上，在一个集中管理的组织中，如果下达了具体的指令，当现实情况未能根据管理决策所依据的数据展开时，就会出现问题。因此，管理部门的一个关键决定就是区分哪些是需要严格规定的，哪些是应该留待员工根据当时的主要因素来决定的。这就为秩序与混乱之间的边界提供了两个机会。[③]

第一个机会是随机应变的自由。一旦管理层和员工就明确的目标、优先事项和指导方针达成一致，人们就能在预算

① Hamel (2011).

② Hamel (2011), p.57.

③ Brown and Eisenhardt (1997).

限制下，在适当的时间内找到新的解决方案，同时有意识地提供优秀的产品。这种有计划的随机应变基于三个条件。

- 学习型文化，当条件发生变化时，每个人都能调整业务。
- 半结构化组织，在这个组织中，可交付的成果、时间和优先事项都受到监督。
- 高效的沟通，使每个需要信息的人都能在需要时获取信息。

第二个机会是利用协同效应，争取与公司其他单位合作。在不断变化的环境中，人们必须同时考虑不同的时间轴：历史、现在和未来。[1] 意识到时间轴的整体性而不局限于任何一个范围是很重要的。时间轴思维有两个角度。

- 审查过去的经验（经验再利用），以便找到对未来有价值的经验教训。
- 实验，以合理的成本寻找各种获取知识的途径和促进灵活性的方法。确定替代性解决方案和促进学习至关重要。

最后，许多事件都是突发性的。作为一个不断变化的

① Brown and Eisenhardt (1997).

组织，意味着要选择适应哪些事件，[①] 并决定如何适应。并非每个威胁或机会都与所有企业相关。实现这一目标的一种方法是分散决策权，并将不同的角色分配给不同级别的领导者。[②] 其中第一种角色与业务部门有关，该部门的战略必须是能够感知和把握与业务部门相关的事件。第二种角色涉及中层的同步性，即必须在不同的交易和项目中不断地重新分配，以便利用新的事件。第三个角色是最高管理层层面，其为公司制订、决定和传达目标及优先事项。

以人为本的方法

许多公司都曾使用过“人是我们最重要的资产”这样的口号。通常，这句话只是一句空洞的陈词滥调，但在当今这个瞬息万变的世界，人的创新能力至关重要，必须认真对待。成功的公司专注于挖掘和释放员工的创新能力——这一原则基于人们想要且需要创造力的信念。如果给他们一个可以发挥技能的环境，事实上他们就会有创造力。[③]

这里的一个关键因素是让人们扮演角色（或让他们找到角色），释放他们内心的激情和动机，发挥他们的优势。以人为中心的公司也努力只在需要的地方建立简单、明确

①② Brown and Eisenhardt (1997).

③ 理查德·佛罗里达（Richard Florida）在《创意阶层的崛起》（*The Rise of the Creative Class*）一书和其他地方反复证明了这些观点，丹麦学者 Steen Hoyrup 也是如此。

的结构和惯例，否则就给了人们做决定和自我组织的自由和责任。总而言之，这类成功的公司就像一个无阻碍流动的河流系统，[①]在这个系统中，工作的溪流有力地汇聚流动。

在上一节我们提到了晨星公司。这家公司极度以人为本，加里·哈默尔在《哈佛商业评论》的文章中指出并列举了它的一些特点：

- 没有人有老板。
- 员工与同事协商责任。
- 每个人都可以花公司的钱。
- 每个人都有权利获得工作所需的工具。
- 没有职级头衔，也没有晋升。
- 薪酬决策基于同事之间的关系。[②]

难能可贵的是，这样的模式在晨星公司运转良好，因为该公司并不是一家实验性的项目驱动型创业公司。晨星公司自1970年开始运营。其核心业务是番茄加工和运输最终产品，如番茄酱和罐装番茄。这是一项高度集中且大批量的生产业务，似乎需要一个更为传统的命令和控制结构。然而，即使是这样的工作，也要承受不断变化和改进的压力。显然，以人为本的方法得到了回报，它使晨星公司在优化生产的同时，

---

① Tidd and Bessant (2009).

② Hamel (2011), p. 51.

还能应对不同规格产品的需求变化。

在以人为本的公司中，管理的作用不是简单地退后一步，置身事外。管理层在员工的积极性和参与度方面发挥着重要作用。[①] 在企业的任何地方都可能产生新的想法，但如果没有管理层的鼓励和支持，这些想法就无法生存。[②] 另外，首席执行官和其他领导者也是企业的文化设计师。他们通过强调创新和持续变革的重要性来确定工作场所的基调。他们通过具有挑战性的愿景和商业理念，来激发人们的创造力。

在第 1 章中，通过 Petratex 的例子，我们看到了设定企业“大”目标的价值，这些目标让员工知道他们的工作可以对世界产生影响。最好的以人为本的企业都有一个强大的、共同的愿景，[③] 这个愿景具有活力、吸引力、现实性和可信度。在这些企业中，我们也发现了各种软性的控制形式，如共享价值观、一般准则和同伴责任制，这些软性控制在很大程度上取代了自上而下的命令。

公司的一般做法还应该包括将权力下放给最接近问题或机遇的人，因为他们往往最了解问题或机遇。而且，为了让员工做出正确的决策，他们需要一种强调信任和开放的文化，[④] 并能够获得相关信息。相比于以前的模式，这就需要企业提

---

① Dallenbach et al.(1999).

② Leifer et al.(2000).

③ 将愿景定义为企业未来的活力、吸引力、现实性和可信度的图景，是受到伯特·纳努斯（Burt Nanus）的启发。Nanus(1992).

④ Isaksen and Tidd (2006).

供更强的透明度和更弱的保密性。[①]

管理层对待员工的方式与公司的业绩之间存在着明显的相关性。这种相关性是正向的，并且随着时间的推移会自我强化。[②] 某些首席执行官，如维珍（Virgin）的理查德·布兰森（Richard Branson）认为，员工比顾客更重要，因为满意的员工会创造满意的顾客。

要释放存在于每个人身上的能量，前提条件是组织拥有特殊素质的领导力。具有启发性和支持性的领导者要传达愿景和优先事项，并让员工选择如何开展工作。

管理者与每个员工对要实现的目标应达成一致。创新团队的领导者已经显示出他们既有创造力，又有纪律性。他们能够接受不确定性的风险，并建设性地处理失败。他们还会表现出热情和激情。这些领导者[③] 充满好奇心，并且愿意在公司内部和外部寻求新的想法。他们擅长团队建设，谦虚谨慎，尊重他人，并有勇气停止不符合预期的项目。

双元组织

肢体灵活的人可以熟练使用任何一只手，一些高级任务

---

① Hamel (2009).

② Tidd and Bessant (2009).

③ Bel (2010).

（如弹钢琴）需要熟练运用双手。处于快速发展环境中的公司也是如此。

一方面，它们需要进行和改善日常运营；另一方面，也需要进行重大创新。

哈佛商学院教授迈克尔·图什曼（Michael Tushman）称之为同时具有“开发”和“探索”的能力——在探索新的增长机会的同时，最大限度地利用现有业务。在20世纪90年代，图什曼与斯坦福大学的查尔斯·奥莱利（Charles O' Reilly）一起，对双元组织进行了开创性的研究，从那时起这项研究一直在继续，并吸引了更多的研究人员。同时，对新的双元形式的需求也很高，部分原因是传统的灵活方式——把运营工作交给运营部门，而主要的创新集中在研发中心——越来越受到质疑。正如一位观察家所言：

> 把研发视为生产的一个独立功能的想法已经过时了。研发只是创新的一种投入。研发经费不是一个很好的衡量方法，也不能决定公司的未来所依赖的创新活动。

将创新成果从研究中心推向市场是一个缓慢的过程（或根本不可能发生），许多企业在内部研发上的投资回报率很低。随着上市速度变得越来越重要，内部实验室很可能会与外包创新相结合，并让所有员工参与到创新工作中来。

当然，问题是如何安排和执行这些工作。有些评论员说，生产过程和创新最好是相互孤立地进行（“主流”和“新主流”必须保持分离），[①] 另一些人则认为，主流和新主流必须保持在同一组织内。[②] 因此，任何公司都有理由研究在什么条件下生产和创新可以在组织内共存。然而，所选择的模式需要有平衡反对持续变革的保守力量的能力。这就需要具备双重能力的执行官和管理者——他们既能保障持续的运营，又能引领创新，并发展公司文化以促进双元组织的发展。

事实证明，要在实践中实现这些意图是很困难的，特别是在技术转变的情况下。当一家公司或整个行业遭遇重大的阶段性转变时，人们往往必须从头开始，努力寻找解决如何满足新需求这一重大而关键问题的方法。从头开始需要避免新需求的解决方案建立在公司已知解决方案的基础上，同时需要避免招聘有着旧思维方式的管理人员。这很可能是通过与主流业务更松散的联系来实现的，但也必须在一个独立的单元中实现。无论如何，管理者可能都不得不接受这样一个事实：传统市场正在走向消亡，人们需要“大义灭亲”。

几个例子表明，事实上，使用双元的组织结构，既能实现高效生产，又能实现持续创新，如戈尔公司和 3M 公司。还有令人信服的证据表明，双元组织非常成功。然而，为了管理这种战略分歧，管理团队和管理者必须培养他们在双元框架内运作的能力。这些领导者必须通过与内部“双方”的

---

① 见 Teece (2007) 或 Kanter (1989) 的例子。

② Lawson and Samson (2001).

持续对话，清楚地表明“双元”概念的含义。[①] 因此，管理层在整个公司推行“双元”方法方面发挥着重要作用。

与周围环境建立联结的开放组织

研究人员一致认为，处于快速变化环境中的企业需要有“开放”的边界，与外界各方交流思想和信息。几十年前，两位著名学者就提出了一个对许多人来说已经很清楚的警告。“未能开发外部研发的公司可能在竞争中处于严重的劣势。”[②]

在开发新产品的过程中，向外部技术提供许可是很常见的（而且往往是必要的），所有行业几乎都是这样的。但在迅速变化的世界中，成功的企业要做的更多。他们积极地建立合作伙伴和网络：赞助大学的研究，投资或与初创公司合作——正如我们注意到英特尔通过英特尔资本所做的那样——建立从非正式接触到正式战略联盟的交流模式。事实上，新的交流模式不断出现。例如，玩具制造商乐高（Lego）与麻省理工学院媒体实验室（MIT Media Lab）合作开发了它的思维风暴玩具 Mindstorm。[③]

2003 年，亨利·切斯布罗夫（Henry Chesbrough）引入开

① 2013 年 7 月对美国电话电报公司的杰夫·霍林沃思（Geoff Hollingworth）的采访。

② “除非我们能学会让自己成为更好的模仿者，否则创新技能的价值可能比我们想象的要低得多。”Rosenberg and Steinmueller (1988), p. 234.

③ 见麻省理工学院办公室新闻 (1999)。

放式创新概念，对外部环境的开放性和网络化进行了很好的描述。[①] 根据切斯布罗夫的说法，有几个原因让我们变得更加开放。第一，现在有一些强大的方法可以绕过传统的限制，从企业外部产生的想法中获益。第二，并非所有的聪明人都在一家公司，他们分散在许多公司和机构中。第三，源于不同领域、学科和组织的合作创新变得越来越普遍。第四，上市时间越来越短，产品生命周期也越来越短。因此，公司必须缩短产品开发周期，善于发现和采纳来自外部的想法，并将其整合到公司自身的发展过程中，这有助于公司跟上发展的步伐。

那些像封闭系统一样运作的公司可能会耗尽其能量，最终消失。当一家公司启动削减成本的计划时，这可能是一个信号，表明该公司不再能提供足够的新价值来赚取它所需要的收入。一家“封闭”的公司最常关注的是削减成本，有些公司利用各种类型的紧缩措施成功地在市场上生存了很多年。但渐渐地，所有这些成本的削减都会损害公司产品和服务的质量，最终导致公司的灭亡。

一个开放的系统拥有更具渗透性的边界，并在其自身之外寻找能够增加收入的创新点。在开放系统中，管理者和员工与公司周围的环境相联系。当技术发展速度加快，竞争日趋激烈时，公司更需要利用这些联系来补充自己的专业知识。在这种情况下，公司很难跟上所有相关领域的发展。与客户、供应商、初创企业、大学、政府机构组成的网络和联盟，甚

① Chesbrough (2003).

至与竞争对手构成的网络和联盟，都可以作为公司创新点的关键资源。

杰克 · 韦尔奇（Jack Welch）观察到，“如果外部的变化速度超过了内部的变化速度，那么末日就快到了”。[①] 管理层和董事会应该考虑，公司的创新能力是否足够，以及增加对外部世界的开放是否会提高这种能力，公司如何从新的外部技术和网络中获益，以进一步发展其变革能力、主动性和创新能力。

系统性方法

最后，一家在不断变化的世界中寻求长期竞争力的公司必须被视为一个完整的系统（设计和管理）。系统在这里被定义为“具有特定属性的组件集合，组件之间及这些组件的属性之间存在联系”。[②] 公司要充分实现其创新能力，就必须从“系统”的角度来考虑问题。[③]

图 2–1 从系统角度展示了一个可视化的组织。系统组成部分是公司的关键要素，如公司的愿景与使命、董事会和管理团队、公司文化、员工、日常管理人员、组织结构和流程、

① 这句话是杰克·韦尔奇在 Goodreads 等网络资源中引用的。其他公众人物也使用了这句话（或其变体）。

② 如前所述，定义来自埃里克·兰曼（Eric Rhenman）。

③ O’Connor (2008).

绩效评估和激励制度、学习制度，以及公司的传播与品牌。[①]

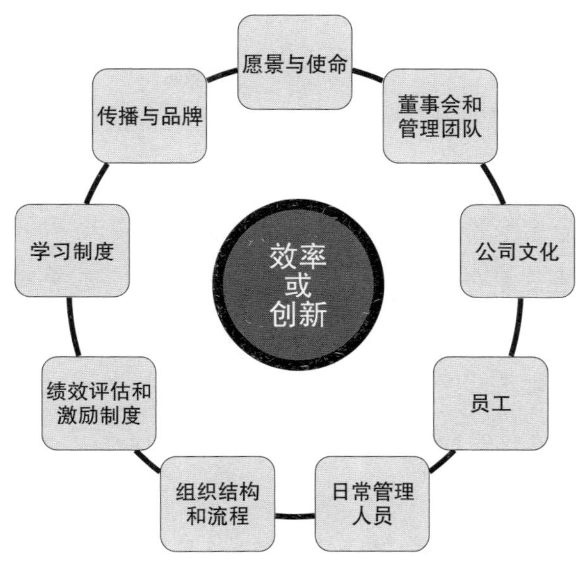

图2-1　一个可视化的公司系统组织

在图 2-1 中，各要素排列成一个环形。它们都是围绕着公司的主要战略意图展开的，也就是图中所示的中心，这个战略意图可以是不同的，取决于公司裁度的主要发展目标是什么。“效率型公司”会追求效率和控制，通常情况下，其目的是实现近期利润的最大化，而“创新型公司”则强调创新和增长。

为了说明系统的观点，让我们尝试一个假设性的练习，比较两个处于不同领域的公司。其中一个是高度以效率为导向的公司，就像今天许多传统的大型公司一样，另一个则更

① Steiber and Alänge（2013）. 在描述谷歌公司的企业创新体系时，也使用了类似的元素。

接近于硅谷的创新导向型案例公司。通过比较这两个假设的公司，我们可以看到所有的系统元素是如何趋向于与主要目标相一致的。

当然,在现实中,效率型公司不能忽视与创新相关的工作，正如创新型公司必须时刻关注其盈利能力，毕竟盈利能力是创新的资金来源。两者至少在某种程度上都需要“两手抓”。但我们在这里夸大两者的差异，是为了说明一个公司的总体导向如何波及整个系统，既影响人们的行为，也影响公司的最终发展和盈亏。

按各系统要素的顺序，我们的比较如下。

- 效率型公司的愿景与使命是通过提供可靠的产品并降低成本来增强市场领导地位。相比之下，创新型公司通常有一个大胆的前瞻性愿景，一个陈述公司努力实现的主要目标或影响的愿景。
- 效率型公司的董事会和管理团队更注重内部管理。他们主要忙于当前的业务、质量问题和满足财务指标。创新型公司的董事会和管理团队寻求增长的机会。他们从外部着眼，同时考虑不同的时间范围：历史、现在和未来。
- 效率型公司的企业文化强调成本、稳定性和控制。创新型公司的不同之处首先在于更注重文化问题，我们将在后面的章节中看到，这种类型的公司明确注重建立强大的文化，文化的性质也有所不同，促进诸如冒险、不断更新，及为了追求成长而进行各类尝试。

- 日常管理人员在效率型公司往往是实干型的微观管理者。他们主要关注日常工作的执行，并规定和控制要做什么，以及如何做。在创新型公司，日常管理人员把“如何”做留给团队成员，并有意识地指导他们在执行日常工作的同时探索新的想法。
- 效率型公司将员工视为一种资源，与其他任何资源一样，将工作流程标准化，以协调员工的工作。在创新型公司中，员工是公司最重要的资产。管理、激励员工的创造力和相互协作，以促进公司的发展。通过强烈的愿景、文化和明确的绩效目标来协调工作。
- 在组织结构和流程方面，效率型公司建立在“指挥与控制”模式之上，旨在确保降低成本和保障稳定性，同时避免意外风险和干扰。创新型公司强调结构与混乱之间的动态平衡，这将为开发新的增长机会提供效率和足够的灵活性保障。
- 在效率型公司中，绩效评估和激励制度都是为了控制成本、提高质量和竞争力。在创新型公司中，这些制度鼓励员工不断做出新的贡献，他们因以新的方式服务于客户或改进业务并实现增长而得到奖励。

- 学习制度“第一次必须正确”的口号属于效率型公司，而不是创新型公司。效率型公司必须避免错误，限制风险。创新型公司允许冒险，努力快速学习，不再重蹈覆辙。
- 传播与品牌。一个公司的品牌是一个原型，它不仅表达了对其产品的期望，而且表达了对公司管理层和员工应如何行动的期望。在一家效率型公司，品牌主要与质量和可靠性相关联。在一家创新型公司，品牌传达是卓越的典范，与公司向市场推出有吸引力的新产品和改进的能力有关。

总而言之，高层管理者必须将他们的组织看作是由多个相互依赖的元素组成的复杂系统。当所有要素的设计和管理都是为了实现公司的战略意图时，效果最佳。此外，如果希望改变公司的战略意图，例如更加强调创新，那么所有要素可能都需要相应地重新进行设计。

展望

在本章中，我们已经看到了六项基本原则，这些原则被广泛认为是在快速变化的环境中管理组织的有效原则。然而，没有一个标准化的成功“公式”。不同环境下的公司对这些原则的应用可能大相径庭，正如第 1 章提到的那样，还需要注重吸引、留住和管理创新型人才。在许多领先的公司，包括我们的硅谷案例公司，始终如一地实践（或至少努力实践）着这些原则。

这些原则似乎也渗透到了整个硅谷地区。在下一章中，我们将从一个全新的角度来审视这个地区。虽然大多数人认为硅谷是新技术和初创企业的中心，但硅谷的主导地位也必须归功于它在大型企业管理方面的创新。

参考文献

Bel, R. (2010). Leadership and innovation: Learning from the best. *Global Business and Organizational Excellence*, 32(2), 71–87.

Brown, S. L., & Eisenhardt, K. M. (1997). The art of continuous change: Linking complexity theory and time-paced evolution in relentlessly shifting organizations. *Administrative Science Quarterly*, 42(1), 1–34.

Brown, S. L., & Eisenhardt, K. M. (1998a). *Competing on the edge: Strategy as structured chaos*. Boston: Harvard Business School Press.

Brown, S. L., & Eisenhardt, K. M. (1998b). Time pacing: Competing in markets that won't stand still. *Harvard Business Review*, 76(2), 59–69.

Chesbrough, H. W. (2003). *Open innovation: The new imperative for creating and profiting from technology*. Boston: Harvard Business School Press.

Dallenbach, U. S., McCarthy, A. M., & Schoenecker, T. S. (1999). Commitment to innovation: The impact of top management team characteristics. *R&D Management,* 29(3), 199–208.

Hamel, G. (2009). Moon shots for management. *Harvard Business Review*, 87(2), 91–99.

Hamel, G. (2011). First, let's fire all the managers. *Harvard Business Review*, 89(11), 48–60.

Harreld, J. B., O'Reilly, C. A., & Tushman, M. L. (2006, August 10). Dynamic capabilities at IBM: Driving strategy into action. White Paper Draft.

Isaksen, S., & Tidd, J. (2006). *Meeting the innovation challenge—Leadership for transformation and growth*. New York: Wiley.

Kanter, R. M. (1989). *When giants learn to dance: Mastering the challenge of strategy, manage- ment, and careers in the 1990s*. New York: Simon and Schuster.

Lawson, B., & Samson, D. (2001). Developing innovation capability in organizations: A dynamic capabilities approach. *International Journal of Innovation Management*, 5(3), 377–400.

Leifer, R., McDermott, C. M., O'Connor, G. C., Peters, L. S., Rice, M., & Veryzer, R. W. (2000). *Radical innovation: How mature companies can outsmart upstarts*. Boston: Harvard Business School Press.

Leonard-Barton, D. (1992). Core capabilities and core rigidities: A paradox in managing new product development. *Strategic Management Journal*, 13, 111–125. Special Issue: Strategy Process: Managing Corporate Self-Renewal, Summer 1992.

Nanus, B. (1992). *Visionary leadership—Creating a compelling sense of direction for your organization*. San Francisco: Jossey-Bass.

O'Connor, G. C. (2008). Major innovation as a dynamic capability: A systems approach. *Journal of Product Innovation Management*, 25, 313–330.

Penrose, E. T. (1959). *The theory of the growth of the firm.* New York: Wiley.

Prahalad, C. K., & Hamel, G. (1990). The core competence of the corporation. *Harvard Business Review*, 68(5), 79–91.

Richtmyer, R. (2002, July 31). *IBM to buy PwC consulting*. CNNMoney.

Rosenberg, N., & Steinmueller, W. E. (1988). Why are Americans such poor imitators? *The American Economic Review*, 78(2), 229–234.

Steiber, A. (2014). *The Google model: Managing innovation in a rapidly changing world*. Switzerland: Springer.

Steiber, A., & Alänge, S. (2013). A corporate system for continuous innovation: The case of Google Inc. *European Journal of Innovation Management*, 16(2), 243–264.

Teece, D. (2007). Explicating dynamic capabilities: The nature and microfoundations of (sustain- able) enterprise performance. *Strategic Management Journal*, 28(13), 1319–1350.

Tidd, J., & Bessant, J. (2009). *Managing innovation: Integrating technological, market and organizational change (4th ed.)*. Chichester: Wiley.

Wernefelt, B. (1984). A resource-based view of the firm. *Strategic Management Journal*, 5(2), 171–180.

第 3 章

硅谷：管理创新的摇篮

把硅谷视为管理创新的中心有些不同寻常。硅谷以技术创新中心和培育初创企业的摇篮而闻名。事实上，这两个方面往往被认为是该区域拥有活力的关键。世界各地的经济专家长期研究（并试图复制）硅谷在开发新技术、组建初创公司并将科技发明推向市场的发展模式。尽管硅谷模式围绕技术理念进行创新，但这只是硅谷模式的一部分。

硅谷不仅仅是一台我们在第 1 章中看到的创业孵化器。硅谷的顶级公司不仅仅是建立了一个坚实的基础，他们还在成长和进化。他们不仅不断提升自己的技术，还不断寻找新的方法来组合和应用这些技术。除了扩大业务规模，他们还增加了新的能力，以寻求新的增长途径。他们很容易超越自身最初成功的商业模式或技术应用——而且他们行动迅速。

这些公司如果统一管理，就不能做他们所做的事情。他们创造了新的组织形式，而这建立在对整个管理任务的创新之上。在接下来的内容中，我们将探讨硅谷走在这种创新的最前沿的路径及原因。

我们还将看到更广泛的主题出现，因为尽管这些新方法受到了公司及其所在地区特有因素的影响，但这种情况绝非独一无二。影响硅谷企业的力量正在席卷全球。因此，硅谷管理创新的故事可能预示着它在世界各地的未来。

简述驱动管理创新的力量

硅谷内的公司已经发展出了新的管理方式，这些方式反映了两个主要的因素：行业性质，地区的规范和价值观。以下是对这两方面的简要总结。

行业性质 毋庸置疑，硅谷是当今信息技术的发源地。大多数大型企业都活跃在一个或多个与信息技术相关的领域，从软件、电子、电信到电子商务、社交媒体和移动技术。这些领域反过来对公司产生了双刃剑效应。它们创造了不断创新和变革的需求（因为技术本身变化迅速），同时也为建立灵活、适应性强的组织提供了手段。

硅谷的企业沉浸在它们创造的产品中。它们内部使用的信息技术能站在最前沿，它们消灭了官僚主义，加快了反应速度，而且（正如我们将看到的那样）它们与周边的信息技术密集型企业建立联盟，以实现战略协同效应。[①]

---

① 所有这些都将以证据和故事的形式记录下来，这些证据和故事的来源包括荷马·巴赫拉米（Homa Bahrami）、安纳利·萨克森宁（AnnaLee Saxenian）、蒂莫西·斯特金（Timothy Sturgeon）等专家的记录。

地区的规范和价值观 自19世纪中期以来，旧金山湾区一直是一个高度适合创业的地方，对新思想和新人才持开放态度。早期的移民在淘金热的吸引下，来到这片几乎没有任何政府或社会机构的土地上。这里除了小规模的农业，没有任何产业。他们白手起家地建立了一个社会和经济体，并吸引了更多渴望创造自己未来的移民。

正如理查德·佛罗里达（Richard Florida）在研究高科技地区如何发展时指出的那样，在20世纪，旧金山湾区成为激烈社会运动，及新生活方式、音乐和艺术实验的中心的现象并非巧合："硅谷与众不同的不仅仅是斯坦福大学或温暖的气候。而是这个地方对创造性的、与众不同的和彻头彻尾的怪异的人持开放和支持的态度。"[①]

我们将看到该地区信息技术产业的早期创始人如何从这种开放性中获益，吸引投资资本和人才进入公司。这些公司不仅生产新型产品，而且按照全新的方式组织结构和管理。

这两方面因素也产生了综合效应，许多学者认为，技术创新和组织创新是相辅相成的。例如，克里斯托弗·弗里曼（Christopher Freeman）指出，亨利·福特（Henry Ford）的移动装配线是"纯粹的组织创新"。[②]弗里曼还举例说，半导体行业的快速增长曲线是建立在这两种创新的基础上的，因此，

① 见"The Real Legacy of the Sixties"（60年代的真正遗产）。Florida (2002)，pp. 202–207.

② Freeman et al.(1982), p. 217.

这两种创新在硅谷同时涌现也就不足为奇了。

硅谷开发的技术，从早期的无线电发射器和真空管到硅芯片、个人电脑等，都是前所未有的产品类型，具有非常广泛的潜在用途。组织生产这些产品的公司，或者领导这些公司经历快速变化的迭代周期在之前并没有先例。合适的管理方法，如产品本身，必须被重新开发。有什么地方能比在一个能自我创造并与其文化融为一体的地区更适合这样做呢？

至于硅谷和信息技术产业以外的影响，以下内容将说明硅谷开发的新的管理方法，与第 2 章中描述的六项管理原则是一致的。这些原则已经被证明适用于需要在不断变化的环境中进行创新的企业。

例如，硅谷长期以来的管理风格极度以人为本。IT 行业是知识密集型行业。该行业需要高技能的人才，是能够让这些人发挥创造力、协作力和创业精神的组织结构。我们将看到硅谷企业学会用“以人为本”进行管理的各种方法。

最后，硅谷是一个具有自身独特品质但又具有全球性特征的地方。硅谷的产业服务于全球市场，因为到处都在使用信息技术，因此它们吸引着来自世界各地的人才。

在创新和快速变革的推动下，越来越多的行业和地区开始依赖技术人才和新的管理理念。而且，在全球化浪潮的推动下，硅谷的管理创新越来越可能代表未来的浪潮。

下面让我们再仔细看看硅谷的情况。以下内容将从四个方面探讨硅谷的管理创新是如何发展起来的。首先是对信息技术产业、地区的规模和价值观这两组主要诱因的探究，然后是对协作网络和以人为本这两个重要主题的简述。

管理创新对信息技术领域的影响

> 高科技遵循革命的铁律……你改变得越多，就越要改变……你必须愿意接受这样一个事实：在这个游戏中，规则一直在改变。
>
> ——比尔·乔伊（Bill Joy）[①]

硅谷的信息技术公司面临着对其创新和变革能力的双重要求。他们必须跟上基础技术的变化甚至保持领先，同时每一步都要应对激烈的竞争。谷歌在 1998 年成立时，已经进入了处于红海的互联网搜索领域。几年后，脸书不得不与聚友网（MySpace）和其他竞争对手争夺社交网络的领先地位。在快速发展的信息技术产业中，很少有公司有广阔的市场空间可供开发，也很少有机会安于现状，而这一点自产业开始以来一直如此。

经济研究员蒂莫西·斯特金（Timothy J.Stargeon）[②] 指出，

---

① 摘自比尔·乔伊 1990 年在帕洛阿尔托丘吉尔俱乐部的演讲。比尔·乔伊为 Sun Microsystems 联合创始人。Bahrami (1992), p. 6.

② 参见 Sturgeon 的 How Silicon Valley Came to Be“硅谷是如何形成的”一章。Kenney (2000), pp. 15–47. Norberg (1976).

硅谷真正的诞生事件发生在1909年，当时一家与斯坦福大学相关的初创公司成立，名为联邦电报公司（FTC），旨在重新定义和制造一种新型无线电发射机。这家公司有着深远的影响和丰富的历史，我们将很快听到更多关于这家公司的发展史。令人遗憾的是，它伟大的新产品并没有持续多久。1912年，FTC出售了第一台“电弧发射器”。到了20世纪20年代，“电弧发射器”已经过时，取而代之的是基于真空管的发射器。发明者李·德福雷斯特（Lee DeForest）在FTC的研究实验室开发了真空管，与此同时，初期销售也在同步进行。

过时并不是唯一的威胁。硅谷位于旧金山南部，最初被称为圣克拉拉谷，“硅谷”这一现代绰号来自20世纪50年代和60年代成立的在硅芯片上制造集成电路的公司。其中最成功的当属成立于1969年的英特尔。英特尔最早是通过制造内存芯片逐步占领市场的。内存芯片是最常用的产品类型，但极易被商品化。不久，价格较低的亚洲竞争者开始蚕食内存业务。英特尔通过转移重心（并重新制定其业务战略）及时抓住了对更先进的芯片品种——开始被用作个人计算机核心工作单元的微处理器（或称CPU）的早期需求浪潮，从而生存了下来。[①]

这些不断重复的变化周期是硅谷公司频繁开发新产品线、改变商业模式和（或）迁移到新市场的原因。他们在寻找生存和发展的途径，选择的方式可能因时而异。苹果公司是个

① 有关英特尔反弹的简要概述，参见 Saxenian (1990)。

人电脑领域的开创性公司，它仍然在生产这些机器，但它的大部分收入来自其他业务。在这一过程中，它与惠普公司（Hewlett-Packard）产生了商业竞争。惠普公司起初是一家专业电子仪器制造商，后投身于大众市场的个人电脑领域，并将其仪器部门剥离出来。

但无论选择哪条道路，这些行业的持续动荡都要求所有公司重新思考自己的管理方式。

“二战”后崛起的两家硅谷公司——惠普和瓦里安联合公司（Varian Associates）为管理创新奠定了早期的基调。两者的组织和经营方式都与当时的大多数公司截然不同。硅谷专家安纳利·萨克森宁（AnnaLee Saxenian）用几句话概括了惠普的做法，很能说明问题。

> “惠普之路”以其分散的公司结构和非正式的管理风格，强调团队合作、共同责任和创业精神，成为硅谷的标志。①

另一个领跑者瓦里安联合公司，是一家成立于 1948 年的传奇电子元件公司。关于这家公司，英国顾问史蒂夫·托尔斯（Steve Towers）写道：

> 瓦里安联合公司专门开发用于治疗癌症的医用直线加速器，这是一个需要顶尖研究人员的领域。瓦里安通过组建一

① Saxenian (1994).

个由员工拥有股票期权协议的合作社来吸引最优秀的人才。

这种方法加上不受限制的创造环境，催生了许多重要的突破，并为瓦里安赢得了数百个创新奖项。公司最初并不成功，但在充满热情的员工的支持下，瓦里安最终成为行业内的世界领导者。

在这两种情况下，我们都看到了公司对吸引和留住优秀人才的重视，并不仅仅是通过高薪或升职，而是通过创设一个具有参与性的工作场所，它规定了最低限度的规则和结构。与传统管理相反，这些公司鼓励人们组建团队，实践“创业精神”，实现“突破”。

20 世纪 90 年代初，加州大学伯克利分校（UC Berkeley）的商业教授霍玛·巴赫拉米（Homa Bahrami）发现，硅谷充满了管理创新。在一项对 37 家硅谷公司的研究中，她报告说，这些公司“正在尝试新的组织安排”，这有助于它们“实现创新并在产品设计、竞争地位和市场动态方面持续变化”。[①]

例如，巴赫拉米指出，层级扁平化的现象很普遍。

高新技术企业的新兴组织系统更类似于业务单位的“联盟”或“星座”，这些业务单元通常是相互依存的，以获得关键的专业知识和技能。此外，它们与（企业）中心有一种对等关系。该中心的作用是统筹战略愿景，发展企业的核心

① Bahrami (1992).

竞争力；发展共享的组织和行政基础设施，并创造企业文化黏合剂……但是，这些任务是与业务单元共同承担的，而不是由它们独立承担的。[①]

巴赫拉米还详细评论了她所说的公司的“双元制”。在本书中，我们会因为它们是双元制而称之为系统。她将这些公司描述为具有某种“基础结构”及“临时项目团队和多功能团队的叠加”，这使得这些公司能够“专注于关键任务，而不会造成重大干扰”。对于经常听到的评论，即这些公司似乎杂乱无章，她写道：

这种印象……只是反映了组织现实的一个方面。我们所观察到的许多企业既是结构化的，又是混乱的；它们已经形成了双元组织系统，目的是在稳定性和灵活性之间取得动态平衡。[②]

最后，这位研究员发现，信息技术的使用正在发挥作用。公司正在“推迟和缩减规模”，驱动这一趋势的部分原因是要削减成本，但也反映了新趋势。

……反映了信息和通信技术对行政的影响。随着时间的推移，电子邮件、语音邮件和共享数据库等技术的使用日益

① Bahrami (1992), p.38.

② Bahrami (1992), p.39.

增多，减少了对传统中层管理人员的需求，因为他们的作用是监督他人，并在组织层级上下收集、分析、评估和传输信息。[①]

自从巴赫拉米进行研究以来，信息技术在硅谷的内部应用急剧增长。后面的章节会提到其中的一些用途。例如，谷歌有一项管理政策，即根据客观的衡量标准来制定决策，这一做法即是由公司原生的信息技术系统促成并加速的。每当一个新的想法或产品功能进行测试时，都可以实时跟踪其影响，并即时进行沟通。

目前，我们已经看到了信息技术对硅谷管理创新的各种影响。下面让我们引入另一组影响因素，即地区的规模和价值观。消息来源一致认为，这些因素早在第一块硅芯片问世之前就已经生根发芽了。

管理创新对地域文化的影响

创业文化最初诞生于加州先驱者的历史，再加上淘金热的遗产……从历史上看，硅谷的创业者表现出了许多早期先驱者的特质。[②]

——霍玛·巴赫拉米

① Bahrami (1992), p.34.

② Bahrami and Evans (2005), p.55.

以下几段是近一个世纪历史的旋风之旅。加州的淘金热始于 1849 年。90 年后，也就是 1939 年，比尔 · 休利特（Bill Hewlett）和大卫 · 帕卡德（David Packard）在现在著名的帕洛阿尔托车库建造了他们的第一款产品音频振荡器，创立了现代硅谷的原型公司。通过追溯这段时间前后发生的一些关键事件，我们可以看到创新、创业的工作和管理方法的基本要素是如何在硅谷诞生的。

19 世纪 40 年代中期，工业革命已经席卷了欧洲大部分地区和美国东部，现在的加州在当时地处偏远，人烟稀少。当时它是新独立的墨西哥的领土，而这个比意大利还大的沿海地区，居住着不超过几十万人。绝大多数是居住在零散村庄的土著人民，还有一些传教士、西班牙或墨西哥农场主及各种冒险家的小定居点。[①]

这里的关键事实是，加州实际上是一张白纸，新移民会发现这是一块几乎没有现有社会结构或控制的土地。渐渐地，更多的移民开始陆续涌入。

1848 年，在加州，有两件事几乎同时发生。加州北部山区发现了金矿，美墨战争结束，墨西哥将整个加州割让给美国。这为随后的淘金热打开了大门，因为加州现在完全放松了管制——墨西哥的统治是支离破碎的，还没有形成新的政府。来自世界各地的财富寻求者蜂拥而至，许多人从海上经

① 在与欧洲人接触前和接触后，对加利福尼亚州的美洲土著人口有不同的估计，但大多数资料来源都同意这里提到的淘金热前几年的人口数量。

过北部海岸线唯一的良港旧金山来到这里。

在多种财富来源的推动下，这个小镇很快发展成为一个大都市。一些移民发现了黄金（或者后来在更远的内陆发现了白银），更多的移民开始创业，最初是为了迎合采矿业的繁荣。他们开办了银行和商店；他们成立了工程公司和铁路；他们在农村开办了食品农场，在城市开办了工厂。[①]

这一巨大的发展归功于来到这里的高度创业的人口。淘金热的移民并非无所事事的投机者。正如马克·吐温（Mark Twain）在他当时的旅行回忆录《苦行记》（*Roughing It*）中对他们的生动描述：

> 那是一群出色的人——所有那些慢条斯理、昏昏欲睡、头脑迟钝的懒人都待在家里——你从来不会在拓荒者中发现那种人……正是这些人让加州得以闻名，因为他们建立了令人惊叹的企业，并以巨大的冲劲和勇气来推动企业的发展……

移民们也必然表现出对建立伙伴关系和网络的开放态度。金矿区的不同群体必须商定交往规则，例如，谁可以在哪里寻找黄金，然后根据需要进行合作或竞争，以开采黄金。合作在这个城市也很突出。旧金山一家布料店的移民列维·施特劳斯（Levi Strauss）与一位裁缝合作，为矿工和其他人设计工作裤。不久，他们创办了一家工厂，生产获得专利的李

① Starr(1973), pp. 69, 110–139.

维斯蓝色牛仔裤。[①]

由于从企业到公共机构的一切都在重新开始，许多人跨越传统的行业界限工作。利兰·斯坦福（Leland Stanford）创办并经营多家企业，曾担任加州州长，最后与妻子简共同创办了一所大学——斯坦福大学，这所大学成为硅谷的核心纽带。

斯坦福大学建于1891年，坐落在该市南部的马场上，雄心勃勃地招收了来自美国各地的教员。当时，大多数美国大学还远不如欧洲的大学，一些评论家嘲笑斯坦福夫妇在马场开办了一所豪华的新学校。[②]但他们的努力反映了创业者管理的另一个特点，我们在前几章中已经介绍过：创造一个宏伟的愿景，制订鼓舞人心的目标。这一愿景很快就得到了回报。

早期电子工业

联邦电报公司（FTC）——硅谷的第一家技术公司，由年轻的斯坦福大学工程系毕业生西瑞尔·埃尔维尔（Cyril Elwell）在1909年创立。[③]一位教授曾敦促他在一个引起他兴趣的新领域——无线电，创办一家公司。无线电（或称“无线”）在其早期主要被视为在航运和军事用途中发送信息的

① Levi Strauss and Co (2014).

② 有关利兰·斯坦福（Leland Stanford）及其活动的详细传记，请参阅 Tutorow(2004)。

③ 下面的讨论全部出自 Kenney 主编的文章 Timothy Sturgeon。

媒介，埃尔维尔知道一种发射机技术，这种技术有望比美国正在使用的技术更好地工作。他前往丹麦探访其发明者，带着美国专利权和一些丹麦工程师返回帕洛阿尔托，协助启动 FTC。

该项目的种子资金来自斯坦福大学校长大卫·斯塔尔·乔丹（David Starr Jordan）和电气工程系主任。他们还安排埃尔维尔在斯坦福大学的高压实验室对这项发明进行再加工。1912 年，在旧金山投资者的进一步资助下，联邦电报公司赢得了向美国海军提供大型重型发射机的机会。

在 20 世纪 20 年代与其他公司合并之前，联邦电报公司制造了更多的机器，并产生了强大的乘数效应，支持相关的企业并产生了衍生产品。传说中的发明家李·德福雷斯特（Lee DeForest）曾在 FTC 工作过一段时间，并利用该公司在帕洛阿尔托的设施完善了他的三元素真空管——这是一种紧凑型装置，它将取代电弧发射器，成为未来几十年广播、电视和几乎所有先进电子技术爆炸式增长的基础，直到它被集成电路中的晶体管所取代。

最著名的联邦电报公司分拆发生在工程师彼得·詹森（Peter Jensen）离开后。随后詹森自行创立了米罗华公司（Magnavox），该公司是最早的扬声器制造商之一，然后发展成为家用收音机和后来的电视制造商。

联邦电报公司的其他分支机构及衍生公司包括费希尔（Fisher）研究实验室（仍在营业）和利顿（Litton）工程实验室（后来隶属一家大型国防电子公司）。与此同时，随着德福雷斯特的工作，整个旧金山湾区成为西海岸设计和制造特种真空管的中心。工程师们在公司之间流动，或者开起了自己的商店。事实上，因为每个人都有生意，加之技术也在进步，所以没有人在意彼此的竞争。

这项活动遵循了海湾地区形成时合作、跨越国界的精神，为硅谷更知名的活动奠定了模式。FTC 时代与斯坦福大学建立了大学与工业的联系，这一联系将随着 1939 年惠普公司的成立及战后斯坦福研究园的形成而被重复。它还确立了硅谷人才流动的传统，人才流动不仅发生在地区内，而且包含外部流动。詹森是丹麦移民，无线电之父德福雷斯特是美国东部人；在早期工业时代，俄罗斯移民亚历山德 · 波尼亚托夫（Alexander Poniatoff）成为另一个关键人物。在第 2 章中描述的一个核心原则——对外开放的创新，从埃尔维尔把丹麦的发射机技术带回家的时候就被遵循了。

最后，联邦电报公司时代奠定了不断追求新理念和卓越的基调。正如历史学家所指出的那样，早期的西海岸公司在电子领域的竞争并不容易，资金和人才仍然集中在美国东部，那里有美国无线电公司（RCA）、通用电气公司（GE）和美国电话电报公司（AT&T）等大型公司，并拥有重要的专利。硅谷的公司（连同公司的大学合作伙伴）必须通过创造新技术和产品或大大改进现有的技术和产品来突出重围。

但事实已然证明，这就是快速发展的电子和信息技术产业的本质。正如本书开篇几章所示，它将成为每个行业的本质。硅谷的科技产业从一开始就得益于其就是为了适应在这些条件下发展而诞生的。

为了完善讨论，我们将简要回顾一下硅谷公司进一步进行管理创新的两个关键方法。一个是新型互联，即通过更高程度的合作和网络化实现创新；另一个是以人为本，即通过注重人力资本实现创新。

管理创新：新型互联

在一篇研究论文中，[①] 安纳利·萨克森宁描述了硅谷如何应对 20 世纪 80 年代的一个严重威胁：那些正在深入该地区芯片制造业的亚洲竞争对手。如前所述，英特尔将重点转向开发一种新型芯片，即个人电脑 CPU。与此同时，硅谷的其他芯片制造商也通过合作有所回应。

惠普公司拥有最先进的制造设备，而规模较小的专业芯片制造商却无力承担。惠普以合同的形式向这些公司开放其生产线，甚至与他们在芯片设计上建立了合作关系，这种合作形式也发生在硅谷的一些大规模公司与小规模公司之间。这样的联盟使所有参与的人都受益。各方都赚到了钱，并且他们获得了额外的资源和专业知识。他们在新技术方面进行合作，并分享新技术的优势。

① Saxenian (1990).

此外，作为芯片最终用户的公司发现，与供应商合作能给他们提供更好的组件，而不是简单地编写一套规格并将其送去制造。这同样适用于芯片以外的零部件。萨克森宁的论文引用了一位苹果采购总监的话。他声称：

……与关键供应商的良好合作关系不仅包括准时交货和质量控制，还包括不断将这种关系扩展到新的领域。他建议，联合投资新的资本设备、联合开发产品、共同资助关键工程人才，以及进行技术交流，都是“建立供应商体系，你可以保持健康，他们也会反哺你……在开发新产品时，你越能让你的供应商为你着想越好”。[①]

萨克森宁从整体中得出结论：“硅谷经济的弹性……是该地区密集的社会、专业和商业关系网络的产物。”随后做了如下阐述：

硅谷被看作是欧洲工业区的美国变体。在这些地区，技术和技能广泛传播，中小型企业通过复杂的供应商和分包关系实现外部经济，地区（而非企业）是生产中心。其结果是一个分散的系统，比传统的垂直整合公司要更加灵活。[②]

---

① Saxenian (1990), p. 103. 本书提到的苹果采购总监是吉姆·比洛多（Jim Ilodeau）。

② Saxenian (1990), p. 91.

在《硅谷热》(*Silicon Valley Fever*)中，作者埃弗雷特·罗杰斯（Everett Rogers）和朱迪思·拉森（Judith Larsen）引用了雅达利（Atari）创始人诺兰·布什内尔（Nolan Bushnell）的话，他简单地总结了该地区的活力：“硅谷有大量的网络资源，是其他地方无法比拟的。”这本书还引用了欧洲工程师的话，他们对硅谷同行分享技术信息和专业知识的高度感到惊讶（并且有时在竞争中被其打败）。[①]

硅谷的网络化特征不仅包括技术层面，还包括通过董事会层面的互动和桥梁组织实现业务和公司发展。平均而言，斯坦福大学校友首席执行官是其他5家公司董事会的成员，而哈佛校友首席执行官只在其他一家公司董事会任职。对于初创企业而言，商业天使和风险投资公司是获取知识、经验和资源的桥梁，例如与互联网、信息技术、移动和媒体等领域具有运营业务专长的人联系。[②]

管理创新：从战后至今，以人为本

如前所述，惠普公司和瓦里安公司是创建以人为本的工作场所的早期推动者。在它们树立榜样之后，又出现了一个著名的反面例子，那就是1956—1957年的肖克利半导体公司。

---

① Rogers and Larsen (1984), p. 80.

② Steiber and Alänge (2013).

晶体管的发明者之一威廉·肖克利（William Shockley）招募了一个由优秀的年轻科学家和创业者组成的团队，试图制造商业化的半导体设备。尽管肖克利本人才华横溢，但8名关键人物却因他独断专行的管理方式而集体离职，因为他难以相处，而且施行了错误的战略决策，使团队的工作受挫。这一事件有力地说明了顶尖人才所能发挥的巨大影响和作用，这8位顶尖人才相继创办了自己的革命性企业——飞兆半导体（Fairchild Semiconductor）、英特尔（Intel）、凯鹏华盈投资公司（Kleiner Perkins）等。很少有团队能产生如此大的社会影响，而肖克利的企业即使曾经拥有这些人才，也最终失败。①

从20世纪60年代开始，随着硅谷的发展，对优秀人才的需求和竞争也相应增长。总体需求在几个方面得到了满足，加州大学伯克利分校（University of California in Berkeley）加大了计算机和电子学项目的培养力度，以与斯坦福大学（Stanford）相媲美。此外，高技能人才开始从美国其他地区涌入旧金山湾区，尤其是在科技活动的吸引下，许多美国以外的移民涌入旧金山湾区。这相当于第二次淘金热。②

公司之间对这些新人才的竞争也有几种形式。工资不断攀升，股票期权和工作场所福利随之提升。但许多研究发现，

---

① 关于威廉·肖克利和他的公司的历史有很多记载，例如，见Shurkin（2006）。同样，许多资料也讲述了所谓“叛徒八人”从肖克利叛逃出来的故事，他们创立了飞兆半导体公司，然后又有了重要的衍生公司。

② Matthews(2002), pp.147–180.

有一种吸引力胜过一切——有机会从事具有挑战性和重要的工作。

理查德·佛罗里达报告说，在全美的高科技产业中，情况似乎也是如此。他引用了《信息周刊》的一项调查，在调查中，美国信息技术员工对“挑战”的评价远远高于任何其他因素，即在选择工作时最重要的是“挑战”（“灵活性”排在第二位，薪酬虽然重要，但往往不是决定性因素）。①佛罗里达援引的其他资料也显示，薪酬必须足够高，技术人员不会为他们认为不足的薪酬而工作，但年轻人，特别是有才华的年轻人说，他们的主要愿望是从事“令人兴奋的项目”和“重要的事情”。②

在硅谷，有资格的年轻人往往能很快得到这样的机会。鉴于硅谷公司都在源源不断地招募新员工，这样，他们就可以了解公司如何运作，并且快速发展的硅谷公司倾向于赋予员工所有力所能及的工作任务，以帮助新产品迅速上市。苹果最初的 Macintosh 软件是由众所周知的“每周工作 90 小时”的团队开发的，而且开发人员主要是年轻人。

将人力资源迅速投入行动中也有助于解决另一个问题。它可以让公司在优秀员工流失之前就从他们身上获得价值。许多观察家都对硅谷人员的极强流动性发表了评论，甚至统计了平均停留时间或每个职业的平均岗位数等数据，但这些

①② Florida (2002), pp. 88–91, 99.

数据并不能反映出流动性的原因。一家芯片设计公司的联合创始人在接受采访时这样解释：

> 在硅谷，人们对自己手艺的忠诚度远远高于对公司的忠诚度……公司只是一个让你工作的载体。如果你是一个电路设计师，那么最重要的是你要做出色的工作。如果你在一个公司做不到，你就会转到另一个公司去。①

人们从一家公司到另一家公司的流动性是一个更大的表象的一部分，在这个表象中，公司本身具有极大的流动性，也就是说，它们以不同寻常的频率增长或收缩、出现或合并。伯克利研究集团（Berkeley Research Group）的一份报告指出，1982 年至 2002 年间，以及 2002 年至 2012 年间，硅谷十大公司的名单发生了巨大变化。例如，苹果公司是 2012 年最大的公司，但在 1982 年甚至没有进入前十名，2002 年时勉强上榜（排在应用材料公司之后，排名第 9）。至于谷歌（Google）和易趣（eBay），它们在 2012 年分别排名第 5 位和第 7 位，1982 年和 2002 年榜单中不仅没有它们的身影，而且在 1982 年，它们甚至还不存在，其行业也不存在。伯克利研究集团的报告将这种情况与底特律美国汽车制造商“三巨头”的情况进行了对比，同样的三家公司在这些时期甚至保持了相同

① Saxenian (1990), p. 97. 这里提到的公司联合创始人是 LSI 公司的 Robert Walker。

的规模和顺序（通用汽车—福特—克莱斯勒）。[①]

鉴于硅谷公司的重新排序，人们可能会认为，人员四处流动只是为了跟随不断变化的增长模式。但在硅谷发生的事情，不仅仅是劳动力供给转移以满足需求的问题，而是寻找机会和建立人际网络的结合。人们不仅寻找并追随新奇的机会，而且在前进的过程中形成并利用个人网络。正如萨克森宁所言：

> 这些网络克服了行业壁垒的限制：个人很容易从半导体公司转移到磁盘驱动器公司，或者从电脑公司转移到网络制造商。他们从老牌公司转向初创公司（反之亦然），甚至转向市场研究或咨询公司，再从咨询公司回到初创公司。[②]

还可以补充说，人员也在大学和产业之间，以及科技公司和投资公司之间来回流动。此外，这对相关公司也有好处。当人们跨界流动时，会带来自己的想法和专业知识。人才流动、战略合作、公司和个人之间的人际网络，都是硅谷企业相互交流、相互帮助、自我更新的机制。用萨克森宁的话说，这些网络帮助整个硅谷表现为一个庞大的“生产系统”——不断变化和重新配置，以抓住层出不穷的新机遇。

---

① Teece (2014).

② Saxenian (1990), p. 97.

总结（兼谈“复制”硅谷）

由于人们对硅谷的兴趣，许多公司正在硅谷设立创新“前哨站”，以充分挖掘硅谷的活力。换言之，硅谷正在向世界其他地区开放。也可以像我们一样，认为世界其他地方和所有行业都越来越像硅谷：快速发展、不断变化、竞争激烈，同时也更具有协作性。这为我们提供了除了置身硅谷，还有切实感受硅谷魅力的蹊径。

任何一家公司都可以从硅谷的角度来看待自身所处的商业环境，并在其中进行改革和管理，而要贯彻这一理念最好的方式就是重新陈述一些已经明确指出的事物。而在硅谷发展起来的全新的管理方法与我们在上一章中阐述的管理原则紧密契合，这里我们再次进行如下的总结。

- 本章已经表明，硅谷的产业是在动态能力和不断变化的组织基础上运作的。在一个又一个的例子中，我们看到公司重新整合自己的资源，并对威胁和机遇做出根本性的改变。
- 该地区本质上是以人为本的，特别关注具有创业精神的创业者，并为他们提供发挥创造力的环境。
- 在很大的区域范围内，硅谷的创新和生产总是双元同时发生，而且公司已经开发了巴赫拉米的“双元系统”来同时完成这两项任务。

- 硅谷以开放性和网络化为核心。
- 整个地区都是作为一个系统运作的，萨克森宁的“生产系统”[①]在企业系统运行中得以贯彻。

归根结底，具有高度创业精神的人是这个系统的核心，这就意味着管理者必须深入研究吸引和管理他们的最佳方式。前面的章节提供了这样的观点。接下来，会有一个简短的章节来阐明“创业精神”到底是什么。然后，我们将深入了解能够实践这种精神的特殊人才，以及我们的案例公司如何领导和组织他们的企业，以吸引和留住这类人才。

① Saxenian (1990).

参考文献

Bahrami, H. (1992). The emerging flexible organization: Perspectives from Silicon Valley. *California Management Review,* 34(4), 33–52.

Bahrami, H., & Evans, S. (2005). *Super-flexibility for knowledge enterprises*. Berlin: Springer.

Florida, R. (2002). *The rise of the creative class.* New York: Basic Books.

Freeman, C., Clark, J., & Soete, L. (1982). *Unemployment and technical innovation.* London: Frances Pinter.

Kenney, M. (Ed.). (2000). *Understanding Silicon* Valley. Stanford: Stanford University Press.

Matthews, G. (2002). *Silicon Valley, women, and the California dream: Gender, class, and opportunity in the twentieth century*. Stanford: Stanford University Press.

Norberg, A. L. (1976). The origins of the electronics industry on the Pacific coast. *Proceedings of the IEEE*, 64(9), 1314–1322.

Rogers, E. M. & Larsen, J. K. (1984). *Silicon Valley fever: Growth of high-technology culture*. New York: Basic Books.

Saxenian, A. (1990). Regional networks and the resurgence of Silicon Valley. *California Manage- ment Review*, 33(1), 89–112.

Saxenian, A. (1994). *Regional advantage: Culture and competition in Silicon Valley and route 128*. Cambridge: Harvard University Press.

Shurkin, J. N. (2006). *Broken genius: The rise and fall of William Shockley, creator of the electronic age*. Basingstoke/New York: Macmillan.

Starr, K. (1973). *Americans and the California dream 1850–1915*. New York: Oxford University Press.

Steiber, A., & Alänge, S. (2013). The formation and growth of Google Inc.: A firm-level triple helix perspective. *Social Science Information*, 52(4), 575–604.

Teece, D. (2014). Regional clusters, ecosystems and dynamic capabilities: Lessons from Silicon Valley, presentation from Berkeley Research Group to the iKuben conference in San Francisco, 1 Dec. 2014.

Tutorow, N. E. (2004). The Governor: The life and legacy of Leland Stanford. Glendale: Arthur H. Clark Company.

第 4 章

创业精神：核心是什么，以及为什么必须将其应用于公司的管理中

现在是重新审视创业精神概念的时候了。近几十年来，这个词在狭义上被高频使用，意思是创新、创业，但这不是它的原意。问题不仅仅在于如何使用这个词，而在于目前人们将创业精神认知为一个独立于现有大公司或其他组织管理的职能而存在的一种思想。

在本章中，我们认为现在需要一种新的综合方法。公司[①]需要重新树立创业精神这一更广泛的概念，并将其融入当今经济的管理方法中，因为它与创造新的财富来源和新的价值流有关，而不仅仅是新的企业。

要做到这一点，就需要采取我们一直强调的一项措施：吸引和雇用创业者，让他们在整个企业中担任职位。但也可能需要转变思维，这并不容易。由于商业世界的演变，许多公司的管理层主要由没有创业背景或前景的人担任。而这一点，再加上其他因素，可能会使公司陷入困境。每个人都以

---

① 在这里我们经常使用“公司”一词，但创业对非营利组织和政府部门同样重要。

为自己的管理方式是正常的，是符合时代要求的，但事实上，公司管理层对创业者的行为有偏见（或不具备创业的条件），而且，在未来的道路上，将很难吸引到有创业精神的人。

因此，第一步需要从最广泛的意义上理解创业精神，并了解为什么创业精神必须成为新的综合管理体系的一部分。有几个关键点需要把握，且根据我们在本章中对创业精神的定义，简单总结如下：

创业精神就是认识和抓住新的商机。每个企业都需要定期实践，因为在当今的VUCA环境中——volatile（易变性）、uncertain（不确定性）、complex（复杂性）、ambiguous（模糊性）——业务线可能会发生巨大变化，现有的收入流可能很快被侵蚀或丧失。好消息是，这种环境的不断变化不断打开新的机会之窗，这是一个积极进取的公司能够蓬勃发展的时代。①

在一篇关于“战略创业精神”的论文中，学者迈克尔·A.希特和他的同事很好地阐述了最后一点。他们指出，企业已经进入一个不连续变化和高度不确定的时代，他们写道：

① 同样，这个总结不仅适用于商业公司，也适用于非营利组织和政府相关部门。它们也可以（而且往往必须）极大地改变运作方式，或进入新的活动领域，以提供最大的价值。例如，红十字国际委员会成立于1863年，旨在治疗战斗中的伤员，现在仍然如此，但红十字和红新月团队现在也在许多其他人道主义援助领域工作，从救灾到经济发展。因此，在本章提到“公司”或“企业”的地方，请知道这些基本概念适用于所有类型的组织。

如果你创造并运用创业者的思维方式，不确定性可以为你带来好处——这是一种对你的业务进行思考的方式，可以捕捉到好处……因为不确定性中蕴含着机遇。

创业者的重点必须是识别和利用这些机会。[①]

在这里你可以从两个角度了解信息的核心，即我们的和希特（Hitt）的。下面将从多个角度深入探讨这一情况。我们将从不同的专家如何描述创业精神开始，以传达创业精神所涉及的所有内容的丰富含义。然后，我们将简要追溯现代商业（和商业教育）的演变，以了解这一重要功能是如何在初创企业中凸显，并将大企业管理排除在外的。本章最后将再次呼吁建立一个新的综合体，并探讨与之相关的一些问题。

创业精神的含义

据记载，最早提出创业精神的人是爱尔兰裔法国籍银行家和商人理查德·坎蒂隆（Richard Cantillon）。他于 17 世纪 30 年代撰写、1755 年出版的《商业本质论》（*Essai sur la Nature du Commerce en Ge's General*）被认为是经济学的奠基之作。“创业者”（entrepreneur）这个词来源于法语，因为坎蒂隆是用法语写作的，但在一些英译本中，通常把这

① Hitt et al.(2001), p. 479.

个词译为“承办人”（undertaker），指的是从事有风险或不确定活动的一类人。

坎蒂隆指出，虽然任何活动都有风险，但大多数经济行为者在从事工作或进行交易之前，都会知道（至少大约知道）他们可以得到的预期收益。工薪者同意一个特定的工资率；标准商品的生产者和交易者通常知道他们在当前市场上可以得到的价格范围，等等。但创业者们愿意尝试更具冒险精神的东西。正如坎蒂隆所写，当他们将“支付固定价格”的商品或材料转换为全新的终端产品时，将得到“一个不确定价格”的回报，也有可能他们得不到回报，因为“这些创业者永远不知道新的产品背后有多大的需求……”①

尽管现代创业者可以使用各种方法来尽量降低风险，②但乐于处理不确定性问题至今仍是创业精神的一个标志。正如希特所观察到的，由于今天的市场长期处于不确定状态，因此这种特质可以成为一种优势。

大约在坎蒂隆之后一个世纪，法国经济学家让·巴蒂斯特·萨伊为这一新观点增添了更多的内容。他将创业者描述为“将经济资源从低生产率地区转移到高生产率和高产量地区”的人。一位现代学者进一步将萨伊的一个关键见解解释为：

---

① Cantillon 的文章有各种各样的英文译本。

② 例如，精益创业方法，以提高创新过程的效率。

> 创业者使用哲学家的思想，即新知识（这种知识尚未应用于经济中）去生产新产品。[①]

20世纪初，约瑟夫·熊彼特（Joseph Schumpeter）做了进一步的阐述，他指出，创业者对资源进行“新的使用和组合”，并将其应用于市场。在一篇经常被引用的文章中，熊彼特写道：

> 创业者的职能是通过开发一项发明，或更广泛地利用一种未经试验的技术可能性，以新的方式生产一种新的商品或生产一种旧的商品，或通过开辟一种新的材料供应源或新的产品销售渠道，或通过重组一个行业，等等，来改革或革新生产模式。[②]

这一功能产生了经济学家着重描述的“创造性破坏”。它取代了旧有的经营方式，它甚至可以取代关于可以经营的业务种类的旧观念。在熊彼特有生之年（1883—1950），电灯取代了煤气灯，新的汽车公司摧毁了马车贸易（一些原来的马车制造商改变了他们的“生产模式”来制造汽车车身）。此外，新的无线电行业在开始时是点对点的通信业务，随即被“重组”为主要广播媒体，从而为该行业的“产品开辟了一个新的出口”，并且发生了更多类似的事件。

---

① Sledzik (2013), p. 92.

② Schumpeter (1942), p. 132.

现代的理解（和新的定义）

从熊彼特的著作中可以清晰地看到创业精神的一个方面，那就是创业通常不仅仅是由增量创新构成的，渐进式的步骤也很重要。例如，为了获得效率和保持竞争力而不断改进内部流程，但创业活动的最高形式是为了一个更大的目标。它的目的是通过对自己的业务采取实质上不同的方法，创造和捕捉新的增长途径。

在 2000 年的一篇文章中，斯科特・谢恩（Scott Shane）和桑卡兰・文卡塔拉曼（Sankaran Venkataraman）描述了这些公司所追求的不同机遇，并将这一观点归功于经济学家伊斯雷尔・柯兹纳（Israel Kirzner）。

> 创业机会不同于更大范围的职业机会。因为前者需要发现新的手段——目的关系，而后者则需要在现有的手段——目的关系中进行优化。①

发现新的手段——目的关系的一个非常简单的例子是，将一项技术应用于一个新市场的销售中，让客户以新的方式使用它。更复杂的例子可能需要发现技术、商业模式、目标市场等的“新组合”。例如，谷歌开发关键词广告（AdWords），苹果开发 iTunes 平台以配合 iPod 及后来的 iPhone——这些公司综合了各种手段来达到新的目的。这些案例的回报率很

① Shane and Venkataraman (2000), p. 220.

高，也让竞争对手相形见绌。正如多年前熊彼特在他的另一篇著名文章中所说，创业竞争“打击的不是现有企业利润和产出的边际，而是它们的基础和生命本身”。[①]

与此同时，在20世纪后期，随着变革步伐的加快，各种市场变得全球化并且更加复杂，彼得·德鲁克（Peter Drucker）提出了以下观点：

> 创业者将变化视为常态，是健康的……创业者总是寻找变化，对变化做出反应，并将其作为一种机会加以利用。[②]

我们认为德鲁克已经提供了最后一块拼图。我们的定义——我们将在本书的其余部分含蓄地使用这个定义——与他所指明的精神是一致的。我们还认为，它简明地反映了已经提到的其他方面。

> 创业者是创造和利用商业机会的人，他们以新的方式服务于客户（或公司本身），并创造新的收入来源，从而创造价值。[③]

如果你已经做了这些事情，无论何地，你就是一个创业者。

---

① Schumpeter (1942), p. 84.

② Drucker (1985), p. 28.

③ 这个定义可以适用于非营利组织和政府部门。“商业机会”成为社会或公民的机会，“新的收入流”成为新的价值流，也就是造福人们的新方式。

还有一点请注意，根据这个定义，创业者所做的事情，正是企业要在快速变化的经济中谋求发展所必须做的事情。

作为“创业者”的公司

德鲁克在他的《创新与创业》一书中，又提出了两个现在应该强调的观点。

- “不是每一家新的小企业都具有创业精神。”他写道。许多公司就像现有的公司一样，没有尝试任何具有实质性的不同或颠覆性的东西。反之亦然。
- “企业新且小并非成为具有创业精神企业的必要条件。”[①]

重申一下，大型的老牌公司及其员工可以（在今天的环境下，必须）做我们刚才看到的创业者们所做的所有事情。

这不仅包括承担风险，还包括接受不确定性，并学习如何将其转化为自己的利益。这包括应用新知识、开发新用途和组合资源。除了渐进式创新，它还意味着要“改革或革新”企业，利用发明创造和探索未经尝试的可能性，以便找到“新的出路”和增长途径——始终“寻找变革”和“将其作为机遇加以利用，从而“以新的方式服务客户”，创造“新的收入来源”。

① Drucker (1985), p. 20.

然而，这些职能似乎是在管理任何健康、有活力的公司的工作中不可或缺（而且确实是必要的）的组成部分。

大公司内部的创业精神已经在不同的标题下进行了研究，如合作型创业者[①]、企业风险投资[②]和内部创业精神[③]。内部创业精神[④]被定义为：

> 与现有组织中的典型经营方式相背离的新兴行为意图及行为。[⑤]

甚至有作者探讨了如何使工程师积极参与内部创业的问题，包括需要什么样的管理和组织支持来调动他们在公司内部创新的动力。[⑥]

然而，在许多情况下，代表创新、创业的“创业精神”已经从“管理”中分离出来，并成为初创企业的相关代名词，以至于新企业的创始人通常比老企业的经理人更多地学习和实践创业技能。这种情况以各种各样的方式已经发生（现在仍然持续），我们现在将对此进行探讨。

---

① Burgelman (1983), Guth and Ginsberg (1990), Granstrand and Alänge (1995).

② MacMillan (1986).

③ Antoncic and Hisrich (2001, 2003), Menzel et al. (2007), Parker (2011).

④ 内部创业可以分为八个方面：新企业、新业务、产品 / 服务创新能力、流程创新能力、自我更新、风险承担、主动性、竞争进取心。Antoncic 和 Hisrich (2003), p.19.

⑤ Antoncic and Hisrich (2003), p. 20.

⑥ Menzel et al. (2007).

创业与管理的鸿沟：障碍与进化力

首先，人们普遍认为，随着公司在创业阶段之后的成长，它们的“创业精神”会随之减弱，其中一个原因便是官僚主义作祟，即体系和例行公事妨碍了试验和尝试新方法。

马克斯·韦伯很久以前就评论过这种转变。用他的话来说，这将是一个过渡，从“魅力权威”进行治理到由“官僚机构”进行“法律理性”治理的状态，“魅力权威”即一个相对较小的初创企业受到创始人魅力的统治和激励，创始人为他人的行为设定了规范。[①] 韦伯并不认为这是一件必然的坏事，他指出官僚机构有优点和好处，官僚制清楚地定义了人们的角色和地位（理想情况下，是基于功绩而不是赞助人）。正如许多人所指出的，为了维持一个庞大组织的秩序，一定程度的“官僚”结构是需要的。

但除了强加秩序，还有其他力量在发挥作用。当一位充满活力的创始人离开公司，或者被一个职业经理人取代了最高职位，那么这位创始人的创业精神，以及他在创业方面的专业知识和指导的力量可能也会随之消散。一个经常被提及的例子是，苹果公司在乔布斯离开后一蹶不振，而在他回来后又重新焕发生机。

此外，随着初创企业的成功和成长，它可能会变得“路径依赖”。也就是说，它的未来往往由迄今为止所走过的路

① Waters and Waters (2015).

径决定。企业结构是围绕着促使成功的商业模式和产品线来组织的。企业里的人开始倾向于做“以前行得通的事”，并对其他方法产生怀疑。

由于一个大的组织有许多需求和目标，它可能会建立特殊目的系统，最终与创业精神相悖。当3M公司采用六西格玛（Six Sigma）质量计划时，就发生了这种情况。创业型的工程师和经理们发现实施新的想法更加困难，因为所有的步骤都必须通过该计划的质量保证协议再实施。最终，3M公司放弃了该项目，因为他们确信可以通过其他方式来保证质量。

以上所有这些都是创业精神在个体企业成熟过程中可能丧失或削弱的方式。抵御这些障碍是可能的，而一个好的方法就是注意这些影响因素的产生。例如，谷歌的高层管理人员已经意识到有必要防止障碍悄然而至。但这里不是详细讨论如何做到这一点的地方。我们想提醒大家注意另一种导致创业和管理分离的更长久的力量：历史的力量。

商学院是如何强化分裂的

随着商业世界的发展，商业教育也在不断进化，培养未来领导者的项目也分为两条路：一方面是创业课程（针对新企业的创建），另一方面是传统管理课程（针对培养大型企业管理者）。以下是对这种情况如何发生及目前状况的简要总结。

长期以来，一直有正式或非正式的“商学院”来教授例如会计等基本商业技能。随着工业时代的发展，19世纪出现了第一所大学级的商学院。1819 年，一群学者和商人在巴黎共同创立了高等商学院（Ecole Supe'rieure de Commerce，现为欧洲商学院），后来又出现了其他学校，如今天匈牙利的佩斯特商学院（现布达佩斯商学院）和美国宾夕法尼亚大学的沃顿商学院。这些学校数量很少，它们授予的学位相当于现代学士学位，教授经济学、当时的新课程及实用的商业技能和一些核心学术科目。

高层次商业教育的真正扩张始于 19 世纪末 20 世纪初，尤其是美国 MBA 项目的创办和大量涌现，而这时恰好是商业本身经历深刻扩张的时期。正如卡特·A. 丹尼尔（Carter A. Daniel）在其《MBA：第一个世纪》（*MBA:The First Century*）中所述，直到 19 世纪 60 年代，“企业一直是单一商店，由业主管理……但后来一切都变了”。[①] 大规模整合的石油和钢铁公司、大型铁路和零售商，以及福特式的大规模生产线将劳动分工带到了一个新的高度，从而要求管理的分工和专业化。根据丹尼尔所说：

> 一个完整的就业类别“中层管理人员”从不存在上升到无处不在……世界各地的大学都把这种发展作为设立商学院的唯一主要原因。[②]

丹尼尔接着引用了早期商业学校所列目录中的内容，例

① Daniel (1998), p. 40.

② Daniel (1998), p. 41.

如，它们的使命是“为能够成功管理大型制造业和商业企业而更加彻底、明确地培养年轻人”。使这一趋势雪上加霜的是，弗雷德里克·泰勒（Frederick Taylor）等开发了“科学管理”方法，商学院也沿用了这种方法，绝大多数“以机械的和描述性的方式”学习和教授商业知识。①

因此，机械化的商学院继续存在，尽管泰勒主义最终不再流行，但另一种工具的出现加强了对大型公司管理的精密优化技术教学的重视。“二战”后，计算机的出现使得大型企业运营的复杂量化建模成为可能，并加速了运筹学的发展。② 这一新趋势在许多学校中保持了几十年的主导地位。

与此同时，创业技能和行为的教学——如机会识别及开发和实施新想法，催生了专门的“创业”课程的出现。这类课程专注于新机制的形成。在20世纪中叶开始时，各个商学院开设了一些零散的创业课程。20世纪80年代，这类新型课程开始大量涌现，最初主要是在美国，新一代年轻人受到了乔布斯、比尔·盖茨等高科技创业者成功经验的启发，越来越多的学生梦想创办自己的公司，他们创造了对这种特殊形式的创业教育的日益增长的需求，而供给也相应增长。

根据考夫曼基金会（Kauffman Foundation）的研究，21

① Daniel (1998), p. 82.

② 例如，成立于1949年的卡内基梅隆大学工业管理研究生院（现在的泰普商学院），是早期基于计算机的分析方法和运筹学的倡导者，并于1958年成为第一所通过计算机模拟教授决策的商学院——其“管理游戏”是以宝洁公司的实际业务为模型精心设计的。

世纪前十年，几乎所有美国主要大学（以及许多规模较小的学院）都不只开设创业课程，还开设全方位的学术计划、创业支持中心，以及为创业者而设的课外活动，如商业计划竞赛，所有这些计划都以创业过程为重点。在其他国家也同样如此。

走向创业与管理的复合之路

一些学术活动正在向大型企业管理领域转移。有些课程的题目是“组织内部的创业精神”。巴布森学院就开设了这样一门课程，并在其网站上发布了如下声明：

> 今天的大多数组织都是通过创业建立起来的，但具有讽刺意味的是，这些组织并不是为了创业而建立起来的……虽然我们支持初创企业中的创业行为，但我们还没有在组织内部成功地运用这种行为。

巴布森和其他机构就这一问题举办了研讨会。越来越多的商业研究人员（包括本章前面所引述的研究人员）开始关注“创业”这一在现有企业和初创企业中都存在的现象。

人们希望，这种情况将逐渐发展到一种符合现实的适当状态。无论学术界还是企业界，都会把创业视为一套活动，在各地进行研究和实践，唯一的“鸿沟”是考虑在不同环境下的实践有何不同（当然，小型企业的创业过程与大型企业的创业过程并不完全相同，两者都有特定的挑战。关键是，两者都很重要，因此需要关注大公司和新公司之间的互动和潜在协同效应，以及它们之间的差异）。

不过，目前的现实是，许多年轻人从商学院毕业时，对管理大型企业中的创业精神及行为没有太多正式的准备。[①] 而且，许多人在进入大型企业时，创业并没有像在初创企业中那样得到高度重视或大力支持。

公司可以采取哪些行动

在当今快速变化的环境下，将富有创造性的创业精神与大企业管理相结合比以往任何时候都显得更为重要。对于那些没有建立有效的新综合系统的公司来说，前景将会变得黯淡。许多公司将继续处于被动和路径依赖的状态，与此同时，创业者的积极主动就会格外凸显其价值，虽然这在过去并不重要。

关于如何构建所需的新综合体，目前还没有一个主流的模式。然而，接下来的章节将探讨硅谷的六家案例公司是如何创

① 同样的情况也存在于大多数工程教育中，尽管最近专注于大公司内部创业的课程已经开始出现，例如查尔姆斯理工大学的课程。在查尔姆斯大学的网站上描述如下：企业创业方向为学生提供了发展创业技能的机会，以处理大型企业中的大规模复杂问题，使创新的新产品和服务得以开发……学生们在大型企业的真实和创新项目中工作，他们将能够发展和反思创业行为和技能。在这些项目中，学生将与来自行业的管理层密切合作。”

建并维持创业精神的管理模式的，并同时在规模和运营效率方面仍然表现出色。我们相信，这些公司代表了一种新型的大型企业，它们反应敏捷、迅速，能够同时进行创新和开展核心业务，这使它们成为非常适应当今快速变化的世界的典型企业。

下一章将介绍这些公司招聘的人员类型，以完善这些公司所示范的新模式。这重申了贯穿全书的一个主题：重点是吸引和雇用创业者（正如下一章将指出的，并不是公司里的每个人都必须具备创业者的全部技能和特征。但是创业者需要"遍布整个企业"——在每个层次和每个部分——每个人都应该有适应创业活动的灵活性）。

后面，我们将继续探讨企业文化和如何领导企业，以吸引有创业精神的创业者，并使他们能够把工作做到最好。但现在让我们先来认识一下这类"特殊人群"，他们是建设一家伟大的创业型公司的核心。

参考文献

Antoncic, B., & Hisrich, R. D. (2001). Intrapreneurship: Construct refinement and cross-cultural validation. *Journal of Business Venturing*, 16, 495–527.

Antoncic, B., & Hisrich, R. D. (2003). Clarifying the intrapreneurship concept. *Journal of Small Business and Enterprise Development*, 10(1), 7–24.

Burgelman, R. A. (1983). Corporate entrepreneurship and strategic management: Insights from a process study. *Management Science*, 29(12), 1349–1364.

Daniel, C. A. (1998). *MBA: The first century*. Lewisburg: Bucknell University Press.

Drucker, P. (1985). *Innovation and entrepreneurship*. New York: Harper Business.

Granstrand, O., & Alänge, S. (1995). The evolution of corporate entrepreneurship in Swedish industry – Was Schumpeter wrong? *Journal of Evolutionary Economics*, 5(2), 133–156.

Guth, W. D., & Ginsberg, A. (1990). Guest editors' introduction: Corporate entrepreneurship.*Strategic Management Journal*, 11, 5–15.

Hitt, M. A., Ireland, R. D., Camp, S. M., & Sexton, D. L. (2001). Guest editors' introduction to the special issue 'Strategic entrepreneurship: Entrepreneurial strategies for wealth creation.' *Strategic Management Journal*, 22, 479–491.

MacMillan, I. C. (1986). Progress in the research on corporate venturing. In D. L. Sexton & R. W. Smilor (Eds.), *The art and science of entrepreneurship*. Cambridge, MA: Ballinger.

Menzel, H. C., Aaltio, I., & Ulijn, J. M. (2007). On the way to creativity: Engineers as intrapreneurs in organizations. *Technovation*, 27(12), 732–743.

Parker, S. (2011). Intrapreneurship or entrepreneurship? *Journal of Business Venturing*, 26(1), 19–34.

Schumpeter, J. (1942). *Capitalism, socialism and democracy*. New York: Harper & Brothers.

Shane, S., & Venkataraman, S. (2000). The promise of entrepreneurship as a field of research. *Academy of Management Review*, 25(1), 217–226.

Waters, T., & Waters, D. (Eds. & Trans.). (2015). *Weber's rationalism and modern society*. London: Palgrave Macmillan.

第 5 章

特殊人群

没有优秀的人，再伟大的愿景也只是海市蜃楼。

——吉姆·柯林斯

在《从优秀到卓越》（*Good to Great*）一书中，吉姆·柯林斯报告了一些令他和他的研究团队感到惊讶的发现。那些将公司从优秀转变为卓越的高管，并不是先确定公司的发展方向，然后再招募人选去实现既定目标的。

相反，他们首先招募了合适的人（并摆脱了错误的人），然后再研究发展方向。柯林斯认为，伟大的领导者懂得三个简单的道理。一是要从谁开始，而不是从什么开始，这使得一个组织机构在变化的世界中更容易适应；二是如果一个公司有合适的员工加入，他们会因为工作的内在回报而高度自我激励，所以如何激励员工的问题基本上就不存在了；三是，如果你选错了人，不管你往哪个方向走，都不会产生优秀的组织。

柯林斯在2001年发表了这些看法。我们在研究中对这些意见进行了更新和扩展，把重点放在出现的关键性的实际问题上。

在当今瞬息万变的商业世界，什么样的人才是“合适的人”？公司又该如何吸引和留存这些人才？

本章介绍了我们从 2010—2015 年间对硅谷成功公司的研究中得到的答案。我们所有的案例公司——谷歌、脸书、领英、推特、特斯拉汽车和 Apigee 都格外重视招聘和留存人才。此外，他们在招聘的人员中寻找相似的品质，在吸引和选择这些人的方法上也有共同点。

公司的理想员工画像简介如下：最优秀的员工不仅仅拥有精湛的技术技能，而且天生具有创业精神，对工作充满热情。他们是不断质疑现状的变革寻求者，尽管他们是非常个人主义的，也会坚持不懈地贯彻自己的想法，但他们也有很强的适应性和协作性。

集所有这些特质于一身的人可能会被贴上“特殊人群”的标签，也许还有人会把他们称为“新族类”，因为我们案例公司的许多员工都很年轻，但也有一些中年或年长的人同样能胜任这些工作，包括一些公司的创始人和高层管理人员！这一特殊人群的成员无法用刻板印象来界定，在某些方面，他们与传统的企业刻板印象相反。这种特殊人群的成员不能被代际定型所界定，在某些方面，他们与经典的企业代际定型相反。他们不是通过做一个唯唯诺诺的人或政治人物来寻求个人发展，而是通过成为思想坚定、高度投入的团队成员来寻求个人成就，并希望其成为更大使命的一部分。

这一特殊人群的另外两个特点值得注意，他们是相对罕见的，而且他们往往是流动的，而不是在一个公司待一辈子。这意味着他们面临的竞争是激烈的。这也意味着，企业必须面对这样一个悖论，试图建立和维持一支优秀的员工队伍，而他们中的每一个人最多只能待上几年。在接下来的内容中，我们将介绍我们的案例公司如何处理这些问题。但让我们先从头说起。下面简要回顾一下我们的研究是如何起源的，接下来是对今天这类特殊人群的构成更详细的描述。

从谷歌中聚焦“特殊人群”

我们的硅谷研究始于 2010 年，在谷歌进行了近一年的一系列实地考察和访谈。最初的目的是调查是什么推动了谷歌内部的创新，我们发现谷歌的管理模式很好地支持了第 2 章中描述的六项基本原则。事实上，谷歌确实也展现出了动态能力、不断变化的组织、以人为本的方法、双元性组织及系统性方法的原则。①

然而，有一个突出的因素是谷歌创新力的核心，即它的

① Steiber (2014).

员工。大多数受访者都表示，谷歌最大的优势是它的员工，并一再提到了合适人选的重要性。关注人的价值得到了诸如大卫·蒂斯等著名研究者的支持，他写道：

> 近几十年来，专家型人才对全球经济中的技术创造和管理变得比以往任何时候都更为重要。[①]

我们的谷歌受访者并没有将他们想要招募的人归类为“专家”，而是对他们进行了详细的描述。称他们非常聪明、好奇心强、从不满足于现状、有团队精神，而且非常“谦虚”。[②]有人说道：

> 这里的每一个人都很了不起……每个人都觉得人外有人，并且这些优秀的人并不自负……这创造了一个令人难以置信的力量——不为权利争斗且不自负的优秀人才。

谷歌执行董事长埃里克·施密特（Eric Schmidt）和前高级副总裁乔纳森·罗森伯格（Jonathan Rosenberg）在2014年出版的《重新定义公司：谷歌是如何运营的》（*How Google Works*）一书中谈到了谷歌对人才的重视，[③]他们在一

---

① Linden and Teece (2014), p. 87.

② Steiber (2014), p. 56.

③ Schmidt and Rosenberg (2014), p. 96.

个概括性的声明中说：

> 聪明的领导者知道，再多的策略也无法替代人才……谷歌的首要任务是投入时间和精力确保他们得到尽可能好的人才。①

对我们这些外部研究人员来说，谷歌将人视为创新和长期竞争力的核心，这一发现本身就很有趣。然后当我们继续研究，采访其他成功的硅谷公司时，发现他们都对人才的作用表达了同样的观点——这一发现使得我们的发现变得更加有趣，也正是这样的趋势使得你可以看到本书关于硅谷重视人才的发现和总结。

我们惊讶地发现，研究中的六家案例公司似乎都在寻找一类非常特殊的人。此外，这类人与我们在其他大型企业中遇到的大多数人有明显的不同。更有意思的是，硅谷的这六家公司似乎已经创造并维持了一种适合这类人的管理模式。因此，我们的案例公司不仅在寻找这一类特殊类型的人才，而且他们在设计领导层和组织结构，以及最终在设计他们的企业文化时，显然是以吸引和保留这一类型的人才为目的的。

简言之，这些公司似乎正在采取一种平衡行动，一些研究人员认为这是必要的。正如加州大学伯克利分校的格雷格·林登（Greg Linden）和大卫·蒂斯所说：

---

① Schmidt and Rosenberg (2014), pp. 96–97.

在今天的全球商业环境中，商业企业必须完成艰巨而重要的任务，为其专家提供智力刺激，使他们在经济上得到满足，促进他们之间的同事关系和合作，允许他们在指导下寻求专业自主权及他们的工作需求，同时让他们对企业负责。[①]

本章之后的章节将更深入地探讨有助于吸引优秀创业者的企业文化、领导力和组织设计等方面。现在，让我们把重点放在这类人所具备的特质上。

关于“多面手”和对他们的素质要求

……理想是雇用比自己更优秀的人。[②]

——谷歌的受访者

在我们 2010 年对谷歌的研究中，我们清楚地看到，谷歌的招聘过程是非常有选择性的。每个新员工都是在经过漫长的多阶段评估后被选出的。个人被评估为四组基本特征：认知能力、与职位相关的知识和专业知识、“谷歌化程度”和领导能力。[③]“谷歌化程度”意味着个人的价值观和个人性格与谷歌文化的契合程度。据我们 2010 年的受访者说，公

① Linden and Teece (2014), p. 89.

②③ Steiber (2014), p. 59.

司希望员工有良好的学术记录，有创业精神（“拼命三郎”），有好奇心和质疑心。此外，他们还应该是精力充沛、有个人驱动力、非政治化、谦虚、以变革为导向、对互联网和公司使命有热情的自我创业者。

这是一长串的理想属性清单。在《重新定义公司：谷歌是如何运营的》[①]一书中，施密特和罗森伯格用更简单的语言勾勒出了谷歌的核心品质，并为具备这些素质的人创造了一个名称——“聪明的创造者”。

有趣的是，他们把“聪明的创造者”与通常被称为“知识工作者”的人区分开来——这是彼得·德鲁克在 1959 年出版的《已经发生的未来》（*Landmarks of Tomorrow*）一书中提出的一个类别。[②]在施密特和罗森伯格看来，大多数知识工作者都倾向于在一套狭窄（或浅薄）的技能中积累专业知识。他们要么发展了深层次但缺乏广度的技术专长，要么发展了广泛但缺少技术深度的管理专长。[③]

“聪明的创造者”之所以能够脱颖而出，正是因为他们是多面手，通常将商业能力、创造力和技术深度相结合。根据作者的说法，这些人构成了一个新的群体，因为他们是在互联网世纪取得成功的关键。施密特和罗森伯格列举了这样的人会越来越被需要和有价值的几个原因。

---

① Schmidt and Rosenberg (2014), pp. 16–20.

② Drucker (1959).

③ Schmidt and Rosenberg (2014), p. 17.

原因主要来自于信息和通信技术的发展。信息和通信技术的进步导致了廉价的实验，它使数据和计算机能力成为非稀缺资源，使协作比以往任何时候都更容易，无论是跨房间还是跨洲协作。[①] 正如我们在第 3 章中所看到的，研究人员霍玛 · 巴赫拉米（Homa Bahrami）多年前就认识到信息和通信技术在扩大公司人员权力和角色方面的影响。她发现，信息和通信技术的使用减少了对中层管理人员的需求，并指出对员工的“潜在后果”一般包括“更大的控制范围、更大的工作量、更广泛的个人和群体任务及角色范围”。[②]

但是，这种具有更大影响的潜力也对组织中工作人员的个性和技能提出了新的、更复杂的要求。因此，我们的谷歌受试者列举了一系列清单，施密特和罗森伯格呼吁将商业和技术理解与创造性结合起来的多维度人才。此外，正如施密特和罗森伯格所指出的，“聪明的创造者”需要公司以符合其多维能力的方式来对待，而不是将其限制在特定的任务中，或是限制他们对公司信息和计算能力的接触。他们不畏惧风险，不希望被角色定义或组织结构所束缚。当他们不同意某事时，他们不会保持沉默；如果缺乏新的挑战，他们很容易感到厌烦，而且他们很容易跳槽。[③]

管理这一特殊人群的问题将在稍后讨论。首先，我们必

---

① Schmidt and Rosenberg (2014), p. 16.

② Bahrami (1992), p. 34.

③ Schmidt and Rosenberg (2014), p. 17.

须完善对这一类人的描述。谷歌的调查结果提供了一个很好的初步画像，但它们只代表了一家公司的观点。虽然我们在硅谷研究的其他公司也在寻找具有基本相似特征的人，并且大家对此深以为然，但这些公司的消息来源为我们的描述添加了一些更具有启发性的细节。

另外五家案例公司（脸书、推特、领英、特斯拉和 Apigee）都希望找到具有创业精神或“勇于拼搏”且敢于冒险的人。此外，他们寻找的是那些能够在高度模糊和变化的环境中处理事务并表现良好的人。关于快节奏的变化，这些公司谈到，他们需要的是适应性强、学习能力强的人，特别是在“在职培训”而非在课堂上进行的情况下。此外，候选人应该表现出新鲜活跃的思维，并能或多或少地持续质疑现状。他们应该既有战略眼光，又有操作能力，并且具有强大的驱动力和自我组织能力。最后，他们必须善于团队协作，无论内部还是外部。

当你翻阅所需素质的清单时，你会立刻得到这样的印象：这是一个相当成熟和有经验的被招聘的阶层。也许他们已经创办了自己的公司或项目，接受过团队合作的训练，并且在战略和运营方面都有工作经验。然而，令人惊讶的是，这些人的平均年龄相当低。脸书的员工年龄中位数为 28 岁，而谷歌为 30 岁。这意味着这些公司的大部分员工都是所谓千禧一代或 Z 世代。尽管这些员工年龄很小，但即使在他们的专业领域之外，他们也不同寻常地要求有选择和更改工作任务的自由，并敦促管理者让他们担任符合自身优势的角色。

那么，雇用千禧一代是这些公司成功背后的秘诀吗？可能不是。IBM 对来自 12 个国家和 6 个行业的 1 784 名多代员工进行了一项研究，结果显示，千禧一代想要的东西和表现出的特质与他们的年长同事有许多相似之处。IBM 在 2015 年发布了一份名为《迷思、夸大与令人不安的真相》（*Myths, Exaggerations and Uncomfortable Truths*）的报告，其中指出，千禧一代与 X 一代（35~49 岁）或战后婴儿潮一代（50 岁及以上）有着巨大差异的刻板印象背后几乎没有实质内容。该研究认为，一家公司的“良好管理”需要将人们视为个体，而不是代际定型的成见，包括利用“数字原生代”的能力。因此，成功的秘诀很可能不是千禧一代本身，即使你可能更快地从他们的数字能力中获益。成功的秘诀更重要的在于管理个人的技能和利用他们的数字能力管理整体的技能。

与此同时，我们现在对成功的硅谷公司所寻求雇用的“特殊人群”有了相当充分的了解。为了使这幅画像更加清晰，下面的章节将提到的许多理想属性浓缩为五种“基石”素质，并将对每一种素质进行详细阐述。

成功的基石：特殊人群的五种核心素质

我们的案例公司在这些基本点上达成了广泛共识。在一个快速变化的商业世界里，企业必须创新才能生存，人是成功的主要因素，而最需要的是某一类人。毫不奇怪，在我们的样本中，不同的公司在招聘中寻找的素质属性清单略有不同。但是，有五种核心素质被反复提及。

所有的公司都希望员工具有创业精神，适应性强，充满激情，不断质疑现状，并具有协作精神，这些统称为成功的基石品质，现在让我们仔细看看每一个品质都意味着什么。

创业精神

人们必须既要有战略眼光，又要有拼搏精神……要有大局观，撸起袖子把事情做好。

——推特的受访者

当然，那些努力成为创业型的公司希望员工能适应这一要求。在第 4 章中，我们看到创业者被描述为创造和利用商业机会的人或群体。他们通过以新的方式为客户或公司本身服务，并创造新的收入来源，从而创造价值。

在这里，一个问题出现了。公司里的每个人都必须成为一个完完全全的创业者吗？即能够提出新的商业想法又能够将其付诸实施。这可能是过高的期望，但每个人都必须愿意并能够成为创业过程的一部分。例如，我们的案例公司中有专门从事产品可靠性等操作领域的工程师，生产实体商品的公司都有制造专家，所有大型企业都有各种内部服务提供商。可以理解的是，许多扮演这些关键角色的人可能不会提出新的商业想法。

然而，在一个创业型公司中，他们都可能在某些时候成为新产品或新业务开发团队的成员，或者至少，他们需要全力以赴地支持这种努力。从事可靠性或制造系统工作的专家必须能够使他们的系统适应新的产品，并随着企业的发展迅速扩大。这样的情况也同样适用于每个职位的员工（和经理）。当然，他们不能像带有官僚作风的企业那样抵制新事物。他们的“拼搏精神”应该被引导到为积极的变革而奋斗，而不是成为阻挠变革的人。

此外，整个公司的员工都必须具有创业精神，即成为机会的寻求者。他们应该始终对创新工作方式持开放态度，寻找竞争优势，寻找更好的方式。如果在工作过程中，他们遇到了一个潜在的新的商业想法，他们应该能够认识到这一点。许多新的产品都来自意想不到的地方。3M 公司的便笺就是一个很好的例子。这些便笺完全是偶然发明的，后来在 3M 公司内部使用，最终作为大众市场产品并获得成功。无论机会在哪儿，具有创业精神的人都能够注意到它们。

适应性强

推特员工的特点是具有前瞻性思维，有团队精神，清楚自己的工作重点是什么。当然，敏捷也是一项要求。

——推特的受访者

适应性可以被定义为“为变化做准备并在变化发生时实施有效反应的能力和意愿”。[①] 威廉·R. 伯恩斯（William R. Burns）和德鲁·米勒（Drew Miller）在领导力和变化研究的基础上，参考了对冲基金的适应性实践[②] 及他们自己在国防分析研究所的适应性培训和研究中的长期经验，评论道：

为了提高适应性，各级领导，尤其是高级领导，需要在各种情况下以不同的组合方式应对，运用完善的批判性和创造性思维技能、直觉（模式识别）、自我意识和自我调节，以及各种社会技能……研究发现，虽然培训很重要，但教育、职业发展和组织文化对于培养能够适应不断变化的环境的高级领导人更为重要。对于大多数公司来说，我们认为适应性不仅仅是培养适应能力更强的人才的问题，而是在不失去共同目标和中央指导的效率和效果的前提下，将员工从中央管理和限制中解放出来。[③]

我们发现，适应性是一个持续的过程。它可以被训练

① Burns and Miller (2014).

② Taleb (2010).

③ Burns and Miller (2014), pp. 2–3.

和学习，并且它受到组织环境和文化的影响。适应性表现[①]取决于三个主要因素：①个体差异；②通过教育、培训和反思经验而获得的知识、技能和态度；③一个要求和/或允许适应性表现的环境。

几乎从定义上来说，我们的六家案例公司所寻找的特殊人群应该是有成就的批判性思考者，而且他们很可能在社交技能方面具备良好的能力。此外，这些人似乎习惯于适应，也许是基于他们童年、学校教育和以前的工作经验。然而，他们的中位年龄低也很重要。年轻人通常更容易被塑造以适应公司的文化和技能。[②]

最后，环境影响人们的适应性这一事实，意味着这六家公司会强调该属性是其企业文化的一个关键方面，我们将在下一章进行讨论。

---

① 伯恩斯和米勒认为，为了在组织中建立适应性，需要：（1）雇用、教育和促进组织中具有必要关系技能的批判性思维者的成长，为他们提供时间来反思经验，发展认知技能（直觉、批判性和创造性思维）和自我意识，以便能够认识到过去的经验对改变环境有反作用，以及自我调控和关系技能。（2）鼓励谦虚、学习和不放弃，能够有诚信和勇气承认一个伟大的想法行不通，减少损失，继续前进。（3）进行适应性的培训和练习，在复杂和困难的情况下，使参与者在处理不确定性和不可能的情况下达到失败点。（4）改善组织的观察—定位—决定—行动循环，在反复的学习过程中比竞争对手反应更快、更有效。（5）通过告诉他们做什么而不是怎么做来增强底层管理人员的适应能力（参考纳尔逊勋爵和巴顿将军）。（6）奖励主动性和谨慎的风险承担，包括提拔风险承担者，并对消极怠工表示不容忍。（7）建立"彻底的开放性"，促进挑战上级（参考桥水对冲基金），"不仅允许，而且要求员工质疑任何事情和任何人，不考虑个人感情或等级制度，以探寻弱点，了解真相"。（8）要求对结果负责，而不惩罚失败者，因为反复的试验和错误的学习过程是适应的关键。（9）改变文化，否则组织将恢复到保守的标准操作程序并照常营业。Burns and Miller（2014），pp.7-19。

② 据我们所知丰田和宜家这两家来自两个不同行业的公司都雇用年轻人，然后在公司文化中加以塑造。

充满激情

> 聪明的创新者的一个标志是激情……充满激情的人不会把他们的激情写在脸上，而是放在心里。他们生活在其中……如果一个人真的对某件事情充满热情，即使他们一开始并不成功，他们也会长期从事这项工作。[①]
>
> ——埃里克·施密特和乔纳森·罗森伯格

我们的案例公司所青睐的人关心并分享对公司使命的热情。他们希望成为比自己更伟大的事物的一部分。在硅谷的公司中，他们也倾向于相信技术可以让世界变得更好，并且他们渴望参与到这个探索中。正如 Apigee 公司的一位雇员所说："他们必须对数字化有热情。"

不断质疑现状

> 关键是要有一个团队，不接受当前的标准，但要不断提出问题："如果我们要从头开始，我们会怎么做？"
>
> ——我们的案例公司的一位受访者

有趣的是，在我们的六家案例公司中，有很多人都明确提到了这一品质。从本质上讲，这意味着人们必须寻求超越

① Schmidt and Rosenberg (2014), p. 100.

市场现有标准的公司及其产品的发展，即使这样做会扰乱市场秩序，破坏自身的成功实践。不同的受访者以不同的方式表达了这一品质，例如：

- 公司的人必须“参与并创造新事物”。
- 每个人都应该“持续思考新的想法”。

质疑现状意味着个人不能成为惯性（对变化的抵制）或路径依赖（决策受制于过去的决定，尽管过去的情况可能不再相关）的受害者。惯性和路径依赖不仅会影响个人，也会在很大程度上影响组织的决策和行为。[①] 因此，质疑现状通常需要个人积极自觉的努力。

诺贝尔经济学纪念奖得主丹尼尔·卡尼曼（Daniel Kahneman）在《思考，快与慢》（*Thinking, Fast and Slow*）[②] 一书中描述了两种思维模式。系统 1 的思维是快速的、感性的和本能的，基于过去的经验；系统 2 的思维更慢，更有意识，更深思熟虑，更符合逻辑。卡尼曼进行的大量实验表明，在相同的输入下，人们得到的结果是不同的，这取决于他们使用的是系统 1 还是系统 2。

卡尼曼解释说，系统 1 的思考包括将新的信息与现有的模式或想法联系起来，而不是为每一种情况创造新的模式。

---

① Alänge et al. (1998).

② Kahneman (2011).

因此，一个不断质疑现状的人需要更频繁地使用系统 2，有意识地进行反思和分析。心理学家认为，系统 2 的思维过程可能受到说服或教育的影响。随着时间的推移，这将反过来影响系统 1 及其在以往的经验。

所有这一切可能意味着，我们的六家案例公司正在寻找的人已经学会了频繁使用系统 2，随着时间的推移，这已经形成了一种质疑现状的正常倾向。这种倾向可以通过组织文化进一步加强。

协作精神

> 我们想要“我们”的文化，而不是“我”的文化。
>
> ——推特的受访者

> 每个人都可以和任何人交谈……你不需要成为高层管理人员，你的工作很重要。
>
> ——一个案例公司的受访者

越来越多的人认识到，群体是知识建构的源泉。[①] 人们期望将具有不同观点和知识的人聚集在一起，将产生 1+1=3 的结果。然而，研究表明，这并不是那么简单。仅仅组建一个具有相关经验和技能的团队是不够的，团队成员的见解也需

① Van den Bossche et al. (2006).

要协调，[①] 以达成共识。共识反过来又受到诸如相互依赖（团队成员相互依赖的程度）、任务凝聚力（成员之间实现目标的共同承诺）、心理安全（团队成员感到被接受和尊重，因此团队在承担人际风险方面是“安全的”）和团队效能（团队能够成功和完成目标的集体信念）等因素的影响。[②]

这六家案例公司想要吸引和保留的人员必须是优秀的团队成员。因此，他们应该了解培养促进团队学习的过程和信念的基本要求。在这里，我们可以再次假设，有利于这些过程和信念的环境以文化和领导的形式存在于这些公司中。

在探讨了这些特殊人群的“基石”素质之后，让我们转向下一个主题：案例公司如何发现和吸引这些人，以及同样重要的，它们如何留住这些人。

吸引特殊人群

我们已经看到，提供高薪和福利并不足以吸引这类人。公司的使命、文化和工作方式（如领导层和组织表达）也起着至关重要的作用。六家案例公司的受访者用不同的语言表达了这些事实，例如：

“人们被吸引到我们这里，因为他们看到了行善的价值。”

“你们靠企业文化竞争。”

①② Van den Bossche et al. (2006).

"我们吸引人是因为他们喜欢我们的能量，每个人都很聪明、很有趣，而且你不是被限制在框架内，而是拥有自由。"

在一个具有高度可见性的数字世界中，文化也必须反映在公司的品牌中，它可以成为吸引优秀人才的磁石。这一点在谷歌的案例中非常明显，[①]几位受访者认为，谷歌的品牌形象对其创新活力至关重要。谷歌的品牌形象是一个创造和实现可以改变世界的伟大理念的公司。因此，这个品牌吸引了来自世界各地的有创新精神和有天赋的人。此外，员工也是公司品牌的有形体现。品牌还被认为会影响员工的意见和期望，而这些意见和期望又会进一步影响员工的行为。这最终会使品牌成为一个自我实现的预言。[②]

另一个似乎在吸引人才方面起作用的因素是埃里克·施密特和乔纳森·罗森伯格在他们的书中所说的"羊群效应"。[③]他们的意思是，由优秀人才组成的劳动力队伍不仅能完成伟业，还能吸引更多优秀人才。

这六家案例公司都认为，招聘过程本身具有重要的战略意义。施密特和罗森伯格称招聘是企业所能做的最重要的事情。[④]

正如我们前面所看到的，这些作者说，一个聪明的领导者知道，再多的战略也无法替代人才，因此，谷歌公司在获得最佳人才方面投入了大量时间和精力。然而，这一优先事

①② Steiber (2014).

③ Schmidt and Rosenberg (2014), p. 99.

④ Schmidt and Rosenberg (2014), p. 96.

项并不是谷歌特有的，而是在所有的案例公司中不断重复的事情。事实上，有几家公司的首席执行官显然亲自在招聘中投入了时间。我们从其他信息来源得知，首席执行官有25%～30%的时间花在组织发展和招聘上。

> 通常而言，商业人士对组织发展并不感冒……但我们的首席执行官花了25%的时间在文化和组织发展上。
>
> ——Apigee公司的受访者

这种招聘体制是非常独特的。通常情况下，在一个传统的组织中，高管的职位越高，就越脱离招聘流程。此外，传统的招聘流程是分等级的。相比之下，谷歌采用的是一种受学术界启发的招聘流程，招聘是以同行为基础的，由委员会来完成。[①] 谷歌的委员会决定是否应该将候选人介绍给拉里·佩奇，然后由他最终决定是否雇用此人。[②]

采取这种方法的一个原因是，一旦一个人开始在谷歌工作，他的工作方式就是协作。如果这个人的聘任与否只是由一个招聘经理来决定，那么除了这个人所在的团队，还会影响到其他众多的团队。另一个原因是，领导者应该雇用比自己更聪明的人，但这很少发生，因为人性使然。通过设立专注于将最好的人带入公司的委员会，谷歌不断努力提高员工

---

① Schmidt and Rosenberg (2014), p. 98.

② Steiber (2014).

的“标准”。委员会被用作一种工具，强调人而不是组织，强调个人特点而不是角色，强调公司而不是经理。[①]理想的结果是，“下一代员工”总是比“这一代员工”好。虽然我们的六家案例公司都认为寻找人才的工作属于公司的每一个人，但并非所有公司都采用招聘委员会的方式。例如，其中一家公司的工作人员说：

谷歌的招聘过程更加集中……然而在这里，每个人都在招聘……（我们有）灵活的小组做招聘决定。

为了找到合适的人才，除一家公司外，所有公司的人力资源部门都有一个相当大的团队，其任务只有一个，就是寻找合适的人才。一家公司说：

……（人力资源部门）80%~90%是一个巨大的搜索引擎。在这里工作的人在寻找具有特定经验、技能和知识领域的人方面极具天赋。

在谷歌的案例中，该公司已经改变了招聘方法，从被动地等待申请者到主动地寻找具有合适资质的个人。[②]该公司确定了未来需要的人才，并不断地发展和调整其人才搜寻战略。

---

① Schmidt and Rosenberg (2014), p. 98.

② Steiber (2014) , p. 58.

在所有的公司中，招聘都是非常严肃认真的，并都在把一个被动的招聘活动变成一个更积极、更自觉的活动，因为公司所需要的人员数量是有限的，而且所有的公司似乎都意识到“人才争夺战”正在加剧。

一旦找到了好的候选人，接下来的步骤就是面试和录用他们。这些公司在面试中的要求在谷歌的案例中最为明确，我们大部分时间都是在谷歌做研究。如前所述，谷歌从四个基本维度对人进行评估：认知能力、与职位相关的知识和专业知识、“谷歌化程度”和领导能力。[①]谷歌化程度是指个人价值观与公司价值观的匹配程度，研究中强调了这种匹配的重要性。用格雷格·林登和大卫·蒂斯的话来说：“必须评估个人与现行企业文化的兼容性。”[②]

据埃里克·施密特和乔纳森·罗森伯格说，面试时间应控制在 30 分钟以内，因为时间越短，就越能集中精力讨论最重要的问题并进行实质性的讨论。[③]笔者认为，进行 4 次以上面试所增加的成本超过了额外反馈对招聘决策的价值。

根据领英创始人之一里德·霍夫曼（Reid Hoffman）[④]的说法，如果搜索和面试阶段的工作做得好，那么招聘到的人在头两年内退出公司的风险就很低。现在让我们把重点转向人才留存。

---

① Steiber (2014), p. 58.

② Linden and Teece (2014).

③ Schmidt and Rosenberg (2014), pp. 118–119.

④ Hoffman et al. (2014).

如何留住人才

霍夫曼与本·卡斯诺查（Ben Casnocha）和叶嘉新（Chris Yeh）共同撰写了一本名为《联盟：互联网时代的人才变革》（*The Alliance: Managing Talent in the Networked Age*）的优秀作品。他们认为，人才是当今公司或组织所能拥有的最有价值的资源，而且与我们的其他硅谷案例公司一致，他们说，硅谷需要的不是普通的人才，而是具有创业精神的人才，在公司需要适应和发展时，能够推动变革。[①]

然而，创业型人才的需求量很大。据推测，那些能够满足他们对良好的创业环境、优秀人才和有趣的项目和任务的渴望的公司将最吸引他们。

这意味着公司必须设计一个适合创业行为的管理模式，否则优秀的创业人才不会考虑就职，也不会在公司内待很久。

丑小鸭

在我们对硅谷以外的公司进行研究时，我们发现了一个典型的例子，说明当一个传统的大公司试图将创业人才纳入其队伍时，会发生什么。我们的一位受访者是女性，在一家饮料行业的大公司工作，在此之前，她一直是一位连续创业者。事实上，在饮料公司的工作是她所担任的第一个非创业公司的职位。在加入该公司后不久，她就发现了一个可能引

① Hoffman et al. (2014), pp. 12–14.

领未来全新业务领域发展的机会。但当她向内部指导委员会提出该想法时，却因风险太大而遭到拒绝。该公司从未有机地建立过新的业务，而是选择购买它所需要的业务或技术。

于是，这位女士与外部创业者合作，将她的想法付诸实践，开办了一家初创公司，同时仍然保持她在大公司的全职工作。她不断向指导委员会通报初创公司的进展情况，不到一年，委员会就开始积极地为这家初创公司投入时间和资源。这家初创公司现在已经证明了其商业模式的可行性。它有了客户、供应商和一个生产厂，并且正在运行。据这位女士说，大公司最终决定投资的原因是她的坚持和对商业理念的信心，以及证明她的想法可行的具体证据。

她尽管在这次冒险中获得了成功，但仍然觉得自己与公司里的其他人不同——常常觉得自己像一个和别人打交道有问题的人。仅仅是由于她在走廊上与高级决策者接触，而不是在等待三周后的正式会议上汇报这一事实，就被认为是违反了内部规则。她显然是一个令人讨厌的人，因为她不仅不遵守规则和惯例，而且带来了一种不同的思维方式，而这种思维方式并不为公司的其他人所认同。因此，即使在新业务成功之后，这位女士仍然频繁地想到辞职。

然而，现在公司已经开始利用她的创业优势并为自己谋利，从领导组建新业务，到支持人力资源招募更多的创业人才。

从上面的例子和其他观察中，我们发现，把一个创业型人才放到一个不适合创业的组织中，会导致四种情况：

①个人变得符合公司的看法和做事方式；②个人通过学习如何绕过系统继续创业；③个人离开公司；④公司学会利用创业者并从中受益。在这个特殊的案例中，公司学会了欣赏这位女士的创业技能，并在她决定离开之前就开始从中获益。

我们将在第 6 章、第 7 章和第 8 章中讨论文化及我们的六个案例公司是如何领导和组织的。现在我们只想提炼出一点，现有公司必须提供有吸引力的工作和适宜的工作环境，才有希望吸引和留住创业人才。

有意义的工作、津贴和福利

作为一个创业者，你可以选择是与一家初创公司合作，还是加入一家现有的大公司。那么，在大公司所做的工作必须具有同样的吸引力，甚至更有吸引力。因此，我们的六个案例公司都宣传他们希望改变世界，或者彻底改变某个领域的工作方式，这并不奇怪。为了招募和留住最优秀的创业人才，这样的使命或多或少是需要的。

大公司有时也能提供比初创公司更具影响力的机会。例如，谷歌倡导这样一种理念："人才之所以被谷歌吸引，是因为我们赋予了他们改变世界的能力，（利用我们的）大量计算资源和广布世界的影响力使个体能够有所作为。"马克·扎克伯格在接受《商业内幕》(*Business Insider*)采访时说，伟大的人才希望产生影响，因此，脸书通过计算每个开发者的工作实际可能影响的用户数来衡量其影响力。

除了承诺提供有意义的工作，即使知道大多数人可能会在若干年后离开，我们的案例公司在吸引和开发人力资本方面仍然投入了大量资金。有人可能会问：这些公司到底“投资”了什么？

投资是多方面的。首先，我们所有的案例公司都为员工提供股票或股票期权。其次，随着工作和自由时间之间的界限变得越来越模糊，这些公司致力为员工提供“良好的体验”。根据一家公司的说法，在那里工作应该是有趣的，而另一家的目标是让员工的生活更轻松、更美好。提供免费餐饮、游戏室、健身设施、干洗服务和医疗服务的大型餐厅仅是冰山一角。脸书已经计划在其园区附近为员工建立一个住房社区，其他公司也可能最终跟进。这些社区将为员工提供负担得起的住房（在硅谷很难找到），以及商店和酒吧，提供从发型设计到宠物护理等服务。谷歌提供园区内儿童托育服务，大多数科技公司为新妈妈和新爸爸提供有竞争力的四到五个月的全薪产假和陪产假，外加“婴儿津贴”。

这些额外津贴，再加上有机会拥有一批不仅技术高超，而且与自己有相同信念的工作伙伴，可以说非常有吸引力。对于那些试图在组建或加入初创公司与加入我们案例公司之间做出选择的优秀候选人来说，他们可能会打破平衡。因此，创造这样的一揽子计划是公司进行人力资本投资的一个重要方面。

另一个方面是对员工的知识、技能和培训的投资。根据我们的调查研究发现，谷歌内部提供的课程和培训项目是一个“大杂烩”。[①]谷歌早期并不知道是什么驱使着不同的人，所以每个人都可以选择各种各样的课程和计划。这也意味着，员工必须为自己的发展负责。这个系统的弱点是，并不是每个人都了解什么适合自己，然后公司就很难理清员工的发展方向。从那时起，谷歌为管理人员提供了资源，帮助他们更好地支持员工的发展。[②]由于员工很忙，但仍然需要经常更新他们的技能，因此公司进一步将培训模块嵌入正常的工作程序中。这样一来，培训对所有相关人员来说就变得更加有效了。[③]

如前所述，公司知道最有价值的学习可能发生在工作中，来自工作本身。在工作中学习的一个好方法是做实验。我们所有的案例公司都通过追求快速、频繁的学习周期来定期进行“实验”，据此，他们去开发一个新产品或功能，对其进行测试、学习、修改、再次测试，并不断学习。事实上，许多公司强调短期学习周期的实现本身就是一个关键目标。这些短期学习周期使公司能够快速发展，从而具有竞争力。正如谷歌的一位受访者告诉我们的那样：

---

①② Steiber (2014).

③ 2012 年在谷歌的采访。

组织学习是我们在谷歌所做的；我们只是学习和改进——这是我们工作的核心。[①]

在我们对谷歌的研究中提到的其他学习机制包括事后分析（从历史项目中学习）和内部网络。[②]关于后者，人们普遍认为，非正式的、非计划的会议对于通过互动学习和发展新思想是很有帮助的。我们所有的案例公司的工作场所都旨在促进非计划性会议。

学习也可以通过外部网络进行。六家案例公司都经常安排外部专家或对事物有新的、改变性观点的有趣的人来访。这种学习的另一个组成部分是，外部开发人员和员工可以在行业活动中见面，或者通过与领先的研究型大学合作，或联合研究发生知识转移，例如，邀请大学教授参与公司项目一段时间。知识转移是双向的，思想可以从外部转移到员工身上，反之亦然。

雇主—雇员联盟

如第 3 章所述，硅谷的劳动力市场是快速流动的，具有创业精神的人经常在同一公司内部和新公司中流动到新的岗位。为了留住优秀人才并从他们身上获得最大的价值，我们所研究的公司有不同的方法。一个显而易见的方法是使工作

---

①② Steiber (2014), p. 73.

本身尽可能地令人满意，大多数公司都与人力资源部门一起制定了内部发展和职业规划的路线。正如里德·霍夫曼（Reid Hoffman）写道：

> 硅谷的真正秘密是人力资源。当然，媒体上有很多关于这个行业的年轻天才的报道，但令人惊讶的是，关于其管理实践的报道却很少。主流媒体所忽略的是，硅谷的成功来自其公司与员工建立联盟的方式。在这里，人才确实是最有价值的资源，员工也得到相应的待遇。最成功的硅谷企业之所以成功，是因为他们利用联盟来招募、管理和留住一支极具才华的创业员工团队。[①]

根据霍夫曼作为领英联合创始人和执行主席的经验，他描述了一家公司可以提供的三种不同类型的学习"旅行"。[②]

第一种是我们大多数人都非常熟悉的，即轮岗学习。员工被轮换到不同的职能、职位和地域，以获得更广泛的知识和技能组合。霍夫曼认为，这种学习之旅不是很个性化，但有利于增强公司的可扩展性和灵活性，因为它使更多的人能够了解和处理更多的任务。

第二种是转型期的工作。领英实行的一个解决员工流动的方案是，在公司和有价值的员工之间建立一个临时的转型任务协议，这对双方都有益处。

①② Hoffman et al.(2014), p. 13, 28–40.

在联盟的背景下，职责范围代表雇主和雇员对特定任务的道德承诺。领英为优秀员工提供了一个明确的交易。如果他们报名参加为期两年到四年的任务，并对业务的某些部分做出重要贡献，里德和公司将帮助他们推进职业生涯……最重要的是，一个现实的职责范围让双方都诚实相待，这是信任的必要条件。①

这种转型期的工作在一个特定的时间段内有效（通常是2~5年），尽管它可以通过双方协议提前结束，但双方都有强烈的动机不单方面破坏协议。②根据霍夫曼的说法，转型任务协议为公司创造了灵活适应性。

从轮换和转型的角度来看，如果一开始就做好选拔和招聘工作，大多数新员工通常会留存2~3年。在这段时间里，参加一到两次的轮岗是很正常的。例如，在谷歌，员工每18个月就要更换一次职位、职能或地域。③如果一个员工在最初的两三年后还想留在公司，而公司又想留住这个人，那么转型期的轮岗就可能是一个很好的策略，可以进一步发展，也可以留住这个关键人物。

---

① Hoffman et al.(2014), p. 13, 23–25.

② 一个提前离开轮岗而打破“雇主—雇员联盟”的雇员将面临“对其信誉和声誉的重大打击”，并将“放弃未来的好处，如杰出的校友身份……和有利的推荐信”。而如果公司单方面“在临时协议过程中解雇员工”，也会面临类似的负面后果，因为“雇主……如果有了破坏协议的惯例，就会警示现有和未来的员工，它是不值得信任的”。Hoffman et al. (2014)，pp. 86–87.

③ Steiber (2014).

第三种是基础性工作，这对公司的延续性很重要。基础性工作不是向所有人提供的。它只适用于个人和公司之间有特殊联系的情况。值得参加这类培训的人可能目前在公司担任要职。例如，他们可能是像苹果公司设计部高级副总裁乔纳森·艾夫（Jonathan Ive）这样的人，甚至是创始人或首席执行官，或者他们已经被认定为公司未来的关键人物。

在公司希望变得更有适应性的背景下，基础性工作的目的是建立连续性，这似乎是一个悖论。然而，事实并非如此。在我们自己的研究中，在硅谷研究之前，我们已经发现，想要进行组织变革的企业或组织的高层领导需要一定程度的连续性。[①] 事实上，根据我们自己的研究，谷歌的成功因素之一不仅是管理团队的连续性，而且是董事会的连续性，他们的信念和抱负与创始人的信念和抱负非常一致。这不仅实现了人员的连续性，更有助于实现企业愿景的连续性。[②] 里德·霍夫曼还指出，苹果、亚马逊和谷歌的连续性体现在向这些公司的首席执行官汇报工作的高管的平均任期上。[③] 他断言，一个共同的经验背景（下一章将揭示出这是公司文化的基础）是“组织的智力和情感基础”。此外，根据霍夫曼的说法，这种共同的经验背景使公司能够更迅速地进行沟通和决策。换言之，它提高了公司的动态能力，这在第 2 章中被描述为

① Alänge and Steiber (2009).

② Steiber (2014).

③ Hoffman et al.(2014).

在快速变化的环境中获得长期竞争力的6个基本原则之一。

雇主—雇员“联盟”的一个重要部分是通过社交网络或现实会议帮助人们建立个人网络。[①]原因是公司在一个健康的生态系统中运作，“公司外的优秀人才比公司内的多”。因此，管理层需要调动所有员工的集体知识和人际网络。在工作联盟中，“发展他们的职业网络有助于员工完成职业转型”，并且“员工网络有助于公司的自我转型”。[②]

如果员工和/或公司得出结论，认为下一次轮岗不合适，而且员工应该离开，那么我们的六家案例公司在应该做什么方面非常一致。它们都会帮助这个人成功地去其他地方。根据一家案例公司的说法，做出这一决定的重要阶段通常在员工入职后4~5年，这通常与员工股票期权的完全归属相关。这表明股票期权在雇用和留住优秀人才方面确实发挥了重要作用。

支持离职员工是很重要的，一个原因是公司是在一个开放和网络化的社会里运作的，在这个社会里谣言传播很快。另一个原因是，有价值的关系应该持续一生。[③]员工离职后维持这些关系的一种方法是通过企业校友网络。领英的校友网络是建立在一个持续的联盟基础上的，其原则与工作关系相同：相互信任、相互投资、互利互惠。公司这样做的好处包括可以通过客户和员工的推荐，雇用“回流”人才（以前的员工通过在其他地方工作获得了宝贵的经验），以及现任

①②③ Hoffman et al.(2014).

员工可以利用企业校友网络来帮助解决业务挑战。

结论（也是一个开始）

在这一章中，我们涵盖了大量的领域，确定并描述了“特殊类型的人群”——在我们的硅谷研究中，领先的公司认为这些人对今天的商业成功至关重要，概述了吸引和留住这些人的许多不同措施，并深入研究了公司如何在内部培养顶尖人才。这些研究都是必不可少的，因为雇用合适的人是至关重要的。回到吉姆·柯林斯的观察，最好从谁开始，而不是从什么开始。

然而，这里所讨论的一切，实际上只是一个开始。我们仍然只看到了大局的一部分：新出现的硅谷模式，描述了如何在一个快速变化的世界中为长期竞争力进行最佳管理。接下来的章节将对其余的研究发现进行补充。在下一章中，我们将通过我们的受访者和其他人的观点，来研究成功吸引顶级人才并取得市场领导地位的公司与那些在竞争中挣扎的公司之间的关键区别因素——企业文化。

参考文献

Alänge, S., Jacobsson, S., & Jarnehammar, A. (1998). Some aspects of an analytical framework for studying the diffusion of organisational innovations. *Technology Analysis & Strategic Man- agement*, 10(1), 3–21.

Alänge, S., & Steiber, A. (2009). The board's role in sustaining major organizational change: An empirical analysis of three change programs. *International Journal of Quality Service Sciences*, 1(3), 280–293.

Bahrami, H. (1992). The emerging flexible organization: Perspectives from Silicon Valley. *California Management Review,* 34(4), 33–52.

Burns, W. R., Jr., & Miller, D. (2014). *Lessons in adaptability and preparing for black swan risks from the military and hedge funds*. Alexandria: Institute for Defense Analysis.

Collins, J. (2001). *Good to great*. New York: Harper Business.

Drucker, P. (1959). *Landmarks of tomorrow*. New York: Harper & Brothers.

Hoffman, R., Casnocha, B., & Yeh, C. (2014). *The alliance: Managing talent in the networked age*. Boston: Harvard Business Review Press.

Kahneman, D. (2011). *Thinking, Fast and Slow*. London: Penguin.

Linden, G., & Teece, D. (2014). *Managing expert talent. In P. Sparrow et al. (Eds.), Strategic talent management*. Cambridge: Cambridge University Press.

Schmidt, E., & Rosenberg, J. (2014). *How Google works*. New York: Grand Central Publishing.

Steiber, A. (2014). *The Google model: Managing continuous innovation in a rapidly changing world.* Switzerland: Springer International Publishing.

Taleb, N. N. (2010). *The black swan: The impact of the highly improbable (2nd ed.)*. New York: Random House.

Van den Bossche, P., Gijselaers, W. H., Segers, M., & Kirschner, P. A. (2006). Social and cognitive factors driving teamwork in collaborative learning environments. *Small Group Research*, 37(5), 490–521.

第 6 章

文化：新风尚

许多人在考虑新工作时，主要关注的是自己的角色和职责、公司的业绩、行业及薪资报酬……不过，聪明且有创造力的人士会把文化放在首位。为了更加高效，他们很关注其工作的环境。这就是为什么在创办新公司或新项目时，文化是最重要的考虑因素。

——埃里克·施密特、乔纳森·罗森伯格

管理界与时尚界相似，潮流往复，但有一个商业元素现在已经成为相当于时尚界不可或缺的基础元素——黑色一样——企业文化。越来越多的企业认识到企业文化是决定招聘到优秀人才及保持长久竞争力的关键因素。这点在我们的六家案例公司中体现得淋漓尽致，接下来的内容中将展现它们的文化建设，而其中有很多共同的特点。

由于不同人对企业或组织的“文化”定义理解不同，我们首先将对这一概念做一个简短的介绍。

“文化”的构成

一个简明的定义来自谢特·卡普（Chet Kapoor），即Apigee的首席执行官，他说：

> 文化就是我们的价值和我们在这里的做事方式。

长期以来，公认的公司文化专家、麻省理工学院斯隆管理学院的名誉教授艾德佳·沙因（Edgar Schein）致力研究公司文化的起源和传播。经过进一步的探索，他对文化的定义如下：

> 群体在解决外部适应和内部整合问题时学会的一种共享的基本假设模式，这种模式已经被认定为足够的行之有效，因此，要将对这些问题的正确认识、思考和感受方式教给新成员。[①]

因此，公司文化根本上被看作是信仰系统。它们是一套关于商业世界的现实和可行的理念。它们不仅塑造了公司完成某项任务的方式，并且影响了公司首先关注和认为重要的事情。文化也影响着员工们的期望。正如沙因所指出的，它们影响着公司成员之间、公司外部如供应商和客户等各方及公司运作与社会之间的关系。[②]

①② Schein (1984), p. 3.

当然，除了沙因，还有许多观察家对文化有相关研究。比如，咨询顾问与作家汤姆·彼得斯（Tom Peters）发现，成功的公司都拥有强大的文化[①]——而强大文化的一个标志就是它拥有极高的整合度。它的各个组成部分相互协同工作。员工的思想和行动是建立在相互认同的理念基础上的，每个员工都认同这种信念，这意味着每个人都会承担维护这些信念的个体责任。

此外，新员工通过两个并行的过程被引入企业文化中：社会化[②]过程与个性化[③]过程。社会化过程使人们“相似”，因为他们有了共同的信念，并开始谨慎行事，这个过程旨在支持协作；个性化过程使人们“与众不同”，支持每个员工作为一个独立个体在文化中发展。[④]这两个过程都需要基于经验的学习。一个人可以将一套信念告知他人，但这些信念对每个人来说意味着什么，只有通过每个个体自身的经历才能理解，从而引起反馈。当一位新员工“正确”地解释了这

---

① 1982 年，《追求卓越》（*In Search of Excellence*）出版。这项研究分析了 40 多家公司很长一段时间都很成功的共同的特点是强大的文化。在20世纪80年代后期，所有这些成功的公司都在走下坡路，一些人质疑关于强势文化的结论是否错误。当然，当时强大的文化意味着注重稳定，这不利于要求公司做出改变的条件。直到 20 世纪 70 年代末，作者汤姆·彼得斯 (Tom Peters) 和罗伯特·沃特曼 (Robert Waterman) 开始为这本书编制文档时，这种情况才有所改变。20 世纪 80 年代，外部变化加剧使稳定的文化成为一种障碍，这也是这些曾经成功的公司打破了成功的趋势的原因。

② 社会化意味着个人成长为社会的一部分。在这个过程中，价值观、态度、规范等都被吸收并成为一个人个性的一部分。社会化这个词也在瑞典的文章中使用。对许多人来说，社会化意味着国有化 (例如银行)，这就是我们选择社会化这个术语的原因。

③ 个性化有几个定义。在这里，个性化意味着从对集体的依赖中解放出来，例如从社会的传统和习俗中解放出来，发展个人的个性。Egigius(1994).

④ 独立意味着有能力和意愿选择意见和行动，并为自己的选择承担责任。这个定义来自 Wiberg (1999)。

种情况，并根据该套信念行事时，就会得到积极的反馈，从而更加强化这种行为。如果一个人违反了这套信念，或者表现出他们不理解这套信念体系，就会得到让其停止或迅速纠正行为的负面反馈。

现在让我们再具体一点，以我们的案例公司为中心，去看看它们的文化是如何起源及形成的。文化不是凭空产生的，也不是虚无缥缈的存在。许多观察家都认为，文化的起源影响因素有两个：公司发源的外部环境（包括国家和地区）与公司的创始人。我们将依次探寻。

外部环境对文化的影响

由于各种不同原因，在日本成立且总部设在日本的公司、在欧盟国家成立的公司，以及在美国成立的公司之间可能有很大的差异。这源于企业相关的法律法规不同、社会文化不同，以及国家的“创新体系”不同。

而在每个国家内部也有地区化的差异。例如，安纳利·萨克森宁在《地区优势——硅谷和128公路地区的文化与竞争》一书中指出了美国两大高科技产业区域的一些关键差异：东海岸波士顿都市区的128公路走廊与我们六个案例公司所在的硅谷地区。她介绍说，128公路产业集群是以“独立公司为基础的体系”，而硅谷则是一个分散式以“区域网络为基础的结构”，其流动性更强，人员、资本和技术更容易进行流通和重组，以应对不断变化的机遇。

这与我们在第 3 章中所描述的情况相一致。在硅谷，“开放”和“网络”是极为重要的，同样重要的还有“有雄心壮志”。它们是独特的区域文化的一部分，影响着任何设立在那里的公司，包括我们的案例公司。

此外，公司文化还受到所处行业类型的影响，硅谷一直是信息技术产业的摇篮。如前所述，这些技术本质上是快速变化的，从而也使其对行政管理的影响包括对传统管理结构的需求有所减少，而对更扁平、更灵活的组织有所偏好。

关于各种外部环境影响是如何在案例公司的文化中表现出来的，还有更多内容需要了解。但下一步是要深入到一个比国家或地区更具体的层面——公司的创始人。

人文效应：创始人如何塑造文化

一个公司的文化在很大程度上受到其创始人及所雇用的第一批员工的影响。创始人通常从如何成功的理论出发，并根据自身之前“成长”[①] 过程中所处的商业文化，在脑海中形成一套假设和理念。有鉴于此，让我们来看看我们这些案例公司的创始人和联合创始人。

① Schein (1983), p. 3.

首先要注意的是，许多人都是连续创业者，或者在创办自己的公司之前曾在其他创业公司工作过。比如，特斯拉的埃隆·马斯克（Elon Musk）曾联合创办了网络软件公司 Zip2 和 XCom（与另一家公司合并后成为 PayPal），以及太空汽车公司 SpaceX，领英的里德·霍夫曼（Reid Hoffman）早期与人联合创办了一家私营的网络公司——SocialNet，这是同类公司中的第一家，并且之后他成为 PayPal 的重要高管；Apigee 的创始人拉吉·辛格（Raj Singh）是红杉资本的创始人兼董事、总经理，同时也是一位连续创业者，他创办的公司包括 Advanced Logic，Fiberlane Communications（后来拆分为 Cerent、Siara Systems 和 Cyras Systems）及 StratumOne 等。

这种背景反映了他们对探索新想法及围绕新想法建立企业的热情。如第 5 章所示，这些创始人的公司力求招到具有类似激情和心态的人。因此，同样的心态表现在公司文化的各个方面也就不足为奇了，本章的其他部分将对这点做更为详尽的说明。

谷歌的联合创始人之前没有创业经验，脸书的马克·扎克伯格也没有，但他们确实有其与众不同的经历，并将其带入公司文化中。对于谷歌的拉里·佩奇（Larry Page）和谢尔盖·布林（Sergey Brin）来说，一个重要的因素是他们在斯坦福及甚至更早期阶段所受的教育。两人小时候都上过强调独立思考的蒙台梭利学校，并且都曾表示，他们在那里所学的，有助于形成不拘一格的经营方式。正如佩奇在一次电视采访中所说：

> 我认为有一部分的训练是不去遵守规则和秩序，而是自我激励，质疑世界上正在发生的事情，并以稍微不同的方式去做事。[①]

其他观察家也注意到蒙台梭利对谷歌创始人及该公司本身的影响[②]。与此同时，扎克伯格有一个明显的特点，那就是他与我们所有案例公司的联合创始人一样，在软件开发方面有着深厚的知识，并且从小就有动手编程的经历。

扎克伯格在进入哈佛大学时就已经以他的软件技能而闻名。他在 19 岁时开发并创建了脸书网站，几个月后离开学校并组建了这家初创公司。埃隆·马斯克 12 岁时就卖掉了自己的第一个软件，那是一个他自己编写的视频游戏程序。推特的联合创始人杰克·多西、埃文·克拉克·威廉姆斯、比兹·斯通和诺亚·格拉斯都是软件天才——多西在十几岁的时候就写了一个调度出租车路线的开源程序。在其余的案例公司中，我们也发现了联合创始人在编程方面有着重要的直接经验。

在对公司文化的影响方面，其中至少表明了两个含义。

---

① 拉里·佩奇在美国广播公司电视台芭芭拉·沃尔特斯的特别节目《2004 年度十大最受欢迎人物》中所说。

② 谷歌前高管玛丽莎·梅耶尔 (Marissa Mayer) 说，蒙台梭利思想对于拉里和谢尔盖处理问题的方式产生了“根深蒂固”的影响。这在史蒂芬·列维（Steven Levy）的书（*in the Plex*）中有所体现。Levy (2011), p.122.

- 这些创始人都沉浸在产品开发中。虽然他们在其他领域（如市场营销）也被证明有很强的能力，但他们本质上是产品人。我们很快就会发现，对产品卓越的关注是案例公司的一个关键文化标志。
- 深入编程人，必然会接触到所谓黑客伦理。这是多年来在软件社区出现的一套信念，尤其是在那些自认为是思想自由的人中。虽然并不是每个软件作者都认可黑客伦理，但对它的基本信条是什么却有着普遍的共识。这些原则包括开放的信息共享、分散和协作的工作结构（不喜欢因为权威而权威），以及努力做改善世界的伟大工作。① 同样的信念也出现在我们六家案例公司的文化中。

最后，很重要的一点是，这些案例公司的联合创始人都有一个共同点，那就是他们没有的东西——工商管理硕士（MBA）学位。在 MBA 已经成为任何有志于成为商业领袖的人的标准证书的时候，尤其是在美国，这是非同寻常的。

联合创始人的高等教育背景差异很大。有些人未完成其本科学业，有些人获得了博士学位，有些人拥有不同寻常领域的学位。例如，领英的联合创始人兼副总裁艾伦芬·布鲁

① 例如，史蒂芬·列维的《黑客》(Levy, 1984)——这本书被认为是第一本确定并命名“黑客伦理”的书——或者后来的作品，如《黑客伦理和信息时代的精神》(Himanen et al. 2001)。

（Allen Blue）拥有戏剧场景设计的学士学位。然而，没有一个人在MBA课程中正式学习过商科。正如第3章所指出的那样，大多数MBA课程都专注于教授标准的大公司分析和控制方法。他们中甚至没有一个人攻读过创业型的MBA课程！

当然，这些联合创始人中的许多人在以前的工作中都有机会进行基本的商业原则学习与实践。并且，他们的公司也会雇用拥有MBA学位的人，或向那些人进行咨询，这似乎是理所当然的。但是，如果创始团队成员本身就是公司文化的早期主要缔造者，那么在这个样本中，有一点极为重要，那就是非常成功的前沿公司的创始人中，似乎没有人觉得有必要学习或宣传典型的关于如何假设经营企业的MBA课程。①

由于创始人本质上倾向于吸引和雇用那些与他们对世界的本质看法、他们的组织在这个世界上将扮演的角色及人性的本质等有着相同假设的人，因此，最初的文化是由公司最初几年加入的第一批、第二批，甚至第三批员工打造的。但是，在这个群体共同解决各种问题和危机之前，这个群体的文化还没有完全形成。② 某案例公司的一位受访者认为：

---

① 然而，根据埃里克·杰克逊(Eric Jackson) 2013年在福布斯网站上发表的一篇文章，10年前，许多公司的创始人都面临着将权力移交给“职业经理人”的压力。杨致远(Jerry Yang)和大卫·费罗(David Filo)在雅虎让位，皮埃尔·奥米迪亚(Pierre Omidyar)把易贝的经营权交给了梅格·惠特曼。根据杰克逊的报告，所有这些权力交接一开始都进行得很好，但随着时间的推移，“职业经理人”不知怎么地脱离了公司的核心，致使公司偏离了其核心经营原则。文章称，马克·扎克伯格在Facebook改变了这一切：他继续掌控公司，认为作为首席执行官，他的创始人思维模式从长远来看对公司更有价值。

② Schein (1984).

文化是你处理问题和互动的方式……每个人都觉得自己有责任把可能成为好同事的人带进来……人们热爱他们本来的样子。

建立强大文化的步骤

谷歌、脸书、领英、推特、特斯拉和 Apigee 有两大共同特点——它们都相信强大文化的重要性，并采取了一些不同寻常的措施来创造文化。

在谷歌，创始人并没有打算建立一个传统的公司，[①] 而一个非常规公司的重要组成部分就是创造和维持一种独特的文化。[②] 创始人认为，建立并保留这种环境的一个要求就是在选择员工时要格外挑剔。据谷歌的一位受访者介绍，在公司最初的两年里，每位候选人的基本价值观都被创始人亲自考察过，当时公司文化刚刚形成。[③] 从那以后，他们的重点一直是保持独特的文化，[④] 这就是拉里 · 佩奇直到 2014 年仍直接参与招聘的原因，其他几家案例公司也采用了这种

① Steiber (2014).

② Schmidt and Rosenberg (2014).

③ Steiber (2014).

④ 据 Zynga 创始人兼首席执行官马克·平卡斯（Mark Pincus）所称，公司在 300 ~ 400 人时达到了一个关键转折点，即“原始”员工的数量比新员工的数量少得多。在这个转折点上，如果公司想要维持原有的文化，就必须在第一批、第二批和第三批员工中维持足够的人员。

做法。

创始人还希望避免从其他公司引进他们所认为的坏习惯。因此，在成立初期，谷歌直接从大学招聘了很多新员工，而不是从同行业且有相关领域工作经历的人中招聘。2005 年，谷歌上市后不久就设立了首席文化官这个职位，原因就是强调文化的重要性，并根据作为一家上市公司的新要求来维持和发展文化。

在我们的另一个案例公司，类似于谷歌，文化是创始人和最早几批员工信仰体系的延伸。据消息人士称，文化是一个公司在硅谷中竞争的基础。公司高度重视这一点，因此，现任首席执行官上任后，花了 6 个月的时间，围绕战略、文化和运营来调整公司，制定了一套描述三者的共同语言，并把致辞写得易于理解和重复。

在第 3 个案例公司中，人们认为，为了做出不同和独特的东西，他们必须与众不同，此时，文化再次扮演了重要的角色。就像谷歌成立初期一样，公司直接从学校招聘很多人才，因为他们想要员工对公司应该如何运作没有先入之见，更愿意用新的方式去进行思考。

为了确保强大文化的核心地位，一家公司有一名相应的高层，他的角色就是观察和指导在那里工作的总体“经验”。最后，在我们的研究中，另一家公司的员工将文化简单地视为公司本身，并引用了“文化把战略当早餐吃”这句名言。[①]

① 出自彼得·德鲁克，被各种高管及商业顾问使用。

首席执行官鼓励员工维持文化，同时将公司盈利收入视为氧气——必要考虑，但不应该考虑过多。

“十诫”：我们研究的文化的核心属性

我们的六家案例公司有许多共同的特定文化特征。事实上，鉴于这些公司在本质方面的差异，这种共性是令人惊讶的。例如，如前所述，谷歌的规模比其他软件密集型公司大得多，而特斯拉则制造和销售复杂的实物产品。然而，在文化方面，它们却非常相似——根据我们的经验，它们的文化与全球许多其他大公司的传统文化不同。

这六家案例公司都有一些共同的核心信念，即商业世界是什么样的及公司应该是什么样的才能具有竞争力。我们的研究发现，在所有案例公司中，有十种这样的信念。由于它们可以被框定为文化“指令”，我们将它们称为“十诫”。简单地说，它们分别是如下十条。

1. 我们不是一家普通的公司。
2. 事物在不断变化，我们必须适应。
3. 动作要快，速度极为重要。
4. 用人是最重要的事情。
5. 产品卓越是关键。

6. 数据驱动决策及快速学习。

7. 扁平化的组织，尽量减少官僚主义。

8. 开放性和透明度。

9. 领导者，而不是管理者。

10. 建立一个生态系统，而不仅仅是一个公司。

现在让我们更详细地看看每一条。

我们不是一家普通的公司

如果我们自己都泯然于众人，那如何去创造与众不同的产品？

——在特斯拉提出的一个问题

六家案例公司的第一个文化标志都是明确希望与众不同或不拘一格。在这方面，谷歌因2004年首次公开发行股票的招股说明书中包含的“创始人的IPO信”而闻名。联合创始人拉里·佩奇和谢尔盖·布林在给潜在股东的信中首先提出了警告：

谷歌不是一家传统的公司，我们不打算成为一家那样的公司。

他们指出，谷歌最初的成功是基于“创造性及挑战的氛围”，其“创新能力”必须受到保护，免受上市的压力。例如，该公司将继续专注于长期的探索性项目，而不是试图最大限度地提高季度收入。

许多公司都面临着保持其收益与分析师预测一致的压力。因此，他们往往接受较小的、可预测的收益，而不是较大的、较难预测的回报。谢尔盖和笔者认为这是有害的，我们打算朝相反的方向前进……

我们将毫不犹豫地在有前途的新机会上下大赌注……如果我们在一些看似投机的领域下小注，甚至与我们目前的业务不相关，请不要感到惊讶……投资谷歌，就是对这个团队的创新方法下了一个不同寻常的长期赌注。

创始人的IPO信中还指出，谷歌不会试图通过削减员工福利来节约开支，因为员工是公司工作的核心，而且股票发行的结构是为了让管理团队控制投票权和战略方向。简而言之，该信件认为，谷歌独特的文化与其成功是密不可分的——并提出了一系列步骤，以保护这种文化不受股票市场的顺应性影响。

与此类似，其他案例公司的受访者表示，独特的文化不仅是可取的，更是必要的。正如一人所讲，“与众不同使我们能够创造出不同的东西”。另一位高管强调，要想向前发展，就必须不断创造，不仅仅是推出新产品，还要对公司进行重新思考和改造。

一家公司宁愿不从典型的大公司招聘人员，因为“他们的规范在这里行不通”。相反，该公司直接从大学招聘，正如我们注意到的谷歌在早期所做的那样。在我们对谷歌的早期研究中，我们被告知“谷歌是一种使命召唤”，我们的目标是招募到那些视其为使命的人。另一家公司的一位高管说：

> 我们雇用的那些充满好奇心，并希望成为更大事业一部分的人……他们必须有激情……他们必须去关心这件事本身，而不仅仅是薪水。

在每种情况下，其目的都是吸引那些想要帮助建立或维持一种新的、与众不同的文化的人。

与众不同的一部分原因是拥有独特、大胆和具有社会意义的使命。我们所有的案例公司在讨论公司事务时都提到了他们的更高使命。例如，谷歌的使命是“组织世界上的信息，并使其成为人人都能访问且有用的”。领英的使命是“连接世界上的专业人士，让他们更有效率、更成功”。其他公司也都提出了类似的大胆使命，所有这些使命都指导员工努力发展公司、产品和更大的生态系统。正如我们在第 5 章中了解到的那样，使命也被用于招聘过程中，因为案例公司的一个共同信念是，公司的使命和候选的个人使命必须有一个很好的匹配。

事物在不断变化，我们必须适应

> 我们的产品不断升级，我们的组织也频繁地在变化，因为团队和个人根据优先级事项进行调整……科技公司已经习惯于这样做，因为科技环境变化迅速。
>
> ——推特的受访者

本书所研究的六家案例公司都承认，他们是在不断变化的时代和市场中运作的。这一点看似显而易见，但事实上，公司承认这是一个基本的生存事实，使之成为他们文化的重要组成部分。正如一家公司的高管所指出的，战略规划等职能变得截然不同："我们没有 5 年计划，而是在尝试 3~6 个月内的事情。"

这条戒律的一个后果是，公司需要为稳定性和运营效率构建长期的框架，同时围绕这个稳定的核心建立一个高度灵活的组织。我们的一些案例公司将这种长期稳定框架称为"轻量级平台"。关于这一点如何具体在实践中实现，我们将在第 7 章和第 8 章中详细讨论更多。

要知道，事物不断变化需要一种积极主动的文化。在我们的六家案例公司中，"只要没有坏，就不要修整"的旧理念已经被一套完全相反的观点所取代。这些公司知道不能安于现状，即使是运作良好的事情也要努力改变，以保持领先地位。一位参与我们对谷歌研究的受访者告诉我们：

我们并不拘泥于那些行之有效的东西。我们会真正走出去做出改变，即使在短期内会让人们感到不舒服或不开心[①]——如果我们确信从长远来看，这对用户来说是正确的。

另一位人士评论说，谷歌每隔几年就会重塑自己，用一个新的平台从零开始，并通过如何使客户受益来证明其价值。[②] Zynga 的创始人兼首席执行官也支持公司的这种持续革新，他说硅谷的公司每隔两年就会重新审视其商业模式，因为变化太过迅速。

一些来自其他案例公司的关于本主题的引用如下：

公司驱动自己去颠覆自己……我们在一年内从一家桌面电脑公司变成了一家移动科技公司。

真正的风险是，如果停止发展自己，就会停滞不前……否则公司雇用的所有这些具有巨大潜力的人，会开始寻找其他工作。

同样，在我们的另一家案例公司，不断变化的需求被简单地表述为希望在行业中保持领先地位。“如果客户购买你的产品是为了让自己获得优势，他们有什么理由不去买最新最好的东西呢？”

---

①② Steiber (2014), p. 51.

动作要快，速度极为重要

在一个加速发展的世界里……要想发展业务，必须超越变化的速度。

——谷歌瑞典总监安德斯·伯格伦德（Anders Berglund）

这六家案例公司的文化中有一个有趣的方面，那就是他们都非常注重速度。其中有两家公司通过每季度调整战略和优先事项来追求这些品质；其中一家公司甚至可能每个月都频繁地重新分配资源。有几家公司强调，速度要求偏向灵活和敏捷的员工，因为他们需要应对快速变化和不确定性，经常在没有掌握所有信息的情况下向前摸索。正如一家公司所说的那样，“这种文化吸引的是那些愿意接受不舒服的人”。

脸书内部有一句广为人知的口号，那就是“快速行动，打破常规”。在其他案例公司中，也同样强调了速度的重要性，并将这样的意思表达出来。“速度非常重要，因此需要一个扁平化的组织来缩短反应时间”，速度包括“快速决策、快速开发和快速实施”“速度是一种比较优势”。此外，还包括“速度驱动效率”“我们可以更快地了解到哪些方法行之有效，而哪些行为无效，然后做出相应判断”。

在文化上，特别有趣的是，我们六家案例公司的员工都以积极的态度来谈论对速度和效率的追求。这与大多数公司的情况完全不同。在其他公司，这些主题通常被设定，并以消极和被动的方式来规定大家进行行动。人们被告知要加快工作速度，因为项目进度落后或不能错过最后期限。“效率”通常是令人恐惧的，因为每个人都知道他们可能会把重点放在削减成本或削减人头上，以试图提高利润率。

相比之下，在六家案例公司中，速度和效率被视为共生要素，它们相互依存，并为所有人带来共同利益。官僚主义被最大限度削减，建立了竞争优势。其目标是通过比环境更快的速度实现增长，而不仅仅是在规定期限内完成目标和达成利润；公司努力成为一个充满活力的领跑者，而不仅仅是一个“精简且吝啬”的血汗工厂。此外，在六家案例公司的文化中，达成这种追求需要那些真诚且有参与热情的个体。员工们被允许“打破常规”，并被鼓励勇往直前。这与其他公司经常出现的文化心态截然相反。在其他公司，人们不愿打破既定的惯例而去冒险，决策常常因为多轮审批和签字而拖延。

在对谷歌的研究中，我们了解到，犹豫和拖延的模式已经被以速度为导向的模式所替代：做出更好的决定，并且越快越好。因此，拉里·佩奇在2014年决定稍微改变谷歌的结构，以便让员工更快更好地进行决策。

用人是最重要的事情

我们的资产是有腿的，它们每天都能走回家。[①]

——英特尔前首席执行官安德鲁·格鲁夫（Andrew Grove）

创始人与他们选择雇用的员工对公司的文化产生巨大影响。我们的一家案例公司将此表述为“文化与人紧密相连”。我们的六家案例公司在寻找什么样的人，在第5章中我们已经讲过了，所以在这里我们只简单地谈几个关键点。

我们的六家案例公司都承认，招聘合适人选的重要性，而且正如本书前面提到的，在大多数情况下，首席执行官都直接参与了招聘过程。根据施密特和罗森伯格（2014）的观点，管理者在工作中最重要的事情就是招聘员工，不管这个人是初级工程师还是高级管理人员。

出于这个原因，我们的六家案例公司已经将搜索和招聘流程列为优先事项，希望公司的员工在这个过程中投入时间和精力，以确保公司得到最好的人才，或者像我们的六家案例公司之一所说的那样——“在这里，每个人都是招聘者。”

产品卓越是关键

（目标是）提供“不足够好”的产品……（因为）这样

① Bahrami (1992), p. 42.

我们就永不会赢。

——我们其中一家案例公司的受访者

每个人都知道乔布斯对产品质量和细节的传奇性关注，但很少有人知道，同样的因素对我们的六家案例公司都至关重要。谷歌进入了竞争激烈的搜索引擎市场，凭借其卓越的搜索技术和简单、简洁的用户界面产生了初步的影响。特斯拉进入电动汽车市场的战略，只有在公司生产的汽车在各方面都具有高端品质的情况下，才有可能奏效。我们六家案例公司中的社交网络公司（脸书、领英和推特）必须不断升级和完善产品才得以保持市场地位，应用程序接口管理公司 Apigee 也是如此。

1983—1993 年，苹果公司首席执行官约翰·斯卡利（John Sculley）在离开公司前不久发表的讲话中强调了专注于产品研发的重要性：

当我回顾过去八年半的时间，我想说，如果当初我能有什么做得不同的地方的话，最突出的一点就是，如果可以早点进入产品开发领域，我可能会做得更好。要想领导一家高科技公司，你必须通过技术和产品来领导它。①

① Bahrami (1992), p. 41.

产品被视为解决用户问题的方案，因此在我们的六家案例公司中，公司关注产品就自然会关注用户。理想情况下，产品能很好地满足客户的需求，从而成为客户不可或缺的产品。例如，马克·扎克伯格就曾说过，脸书是一个“公用事业”——它要成为人们日常生活中不可或缺的一部分，就像电力或电话服务等公共事业一样。

但我们应该记住一个关键事实。为了追求这样的地位，脸书首先必须从其他更早推出的社交网站那里赢得市场份额。案例公司普遍认为，除非你有出色的产品，否则你不可能在竞争激烈的市场中“脱颖而出”。一家公司的一位员工这样说：“我们从不跟随竞争者……这样会导致平庸。”这种文化的一种含义就是必须敢于做独特的事情。

卓越的产品也与招聘和雇用有关，因为六家案例公司寻找的是那些对创造伟大产品充满激情的人。此外，要想留住这些人，必须把他们看成非常有价值的员工，并给予他们相应的待遇。一家公司的消息人士告诉我们：“最重要的人是围绕着产品的。”这一说法恰好反映了我们所讲的观点。

在这种文化中，产品工程师和开发人员是“英雄”，这样是为了让他们将工作做到最好，而不是只例行公事或将工作做到差不多好就行。正如我们采访中有人所讲：“你永远不希望工程师们觉得自己是在流水线上工作。”

数据驱动决策及快速学习

> 在谷歌，数据驱动极为重要。
>
> ——谷歌受访者

我们在对谷歌的研究中被告知上述情况。其他案例公司的人也表达了类似的观点，很明显，他们的目标是将各种决策建立在可视数据上（如测试结果、性能指标等）。正如有人所讲："人们尊重真实的、统计学上正确的、能够证明案例的数据。"

有受访者称，对数据的关注由公司强大的工程文化所致。每一个基于数据的决策都应如此。如果决策的依据无法量化，人们就会期望通过客观推理演绎来做相应的弥补。对客观性有严格要求的公司文化同样也是一个安全的工作环境。没有裙带关系或独断专行，从社会角度讲，基于数据的决策会给人以公平和准确的感受。

以数据为基础的决策也是对待"组织中收入最高的人"的一种方式。[①] 这些人往往只是因为他们的级别和地位而影响决策过程，不一定是因为他们最佳的输出。然而，如果通过分析数据进行决策，公司就可以绕过这个问题。

另一个相关的实践是争取短而快的学习周期，并从结果中得到数据。以下是谷歌和脸书将产品推向市场的政策描述：

① Schmidt and Rosenberg (2014).

我们从小规模着手，进行测试，去看什么是有效的，什么是无效的，进行改进、迭代并迅速推陈出新，无法做到绝对的完美。[①]

——谷歌受访者

持续发布（新且不同的产品）……拿出相应的东西，与用户互动、学习、改进和重复。

——脸书的受访者

我们的几家案例公司将缩短学习周期作为其目标追求。总的来说，这些公司认为，数据驱动的决策与快速学习周期相结合是提高长期竞争力的有力工具。

扁平化的组织，尽量减少官僚主义

领英是一个自下而上的组织。各个团队被授权制订自己的战略和目标，而不是等待高管领导的指示。

——领英的受访者

大多数大公司都存在多层级且官僚主义的问题。在第 1 章中，我们看到，加里·哈默尔在他的“登月”计划中指出了原有管理体系的主要障碍。它扼杀了速度、适应性和创新性。我们其中一家案例公司的一位受访者说得更为戏剧化：

① Steiber (2014), p. 55.

“强大的等级制度往往会导致最终消亡。”因此，所有的案例公司都高度重视扁平化的组织和尽量减少官僚主义，也就不足为奇了。

由于官僚主义的层级会随着时间的推移而逐渐积累，所以几家公司的首席执行官都明确告知员工，希望与官僚主义的产生及做法做斗争。有一家公司就此向公司里的每个员工发了一封邮件。谷歌早期另一个打击官僚主义的例子是拉里·佩奇，他希望能够与每一个工程师直接交流，来获取帮助并解决问题，而不需要通过该工程师的经理。[①] 此外，佩奇还发起了一个年度的“官僚克星”运动，以发现一年来组织中产生的官僚主义。[②]

谷歌的最终目标是在企业文化中建立起反官僚主义的意识，这样，人们就能不断地发现预警信号，并积极避免或消除瓶颈。在一家案例公司，我们被告知：“如果人们不愿把决策提交上去，对我们来说，这就意味着组织中的某些东西坏了，我们需要修复它。”另一位人士描述了一种“决策升级”的政策：如果两个人对该做什么产生分歧，他们就“找到一个负责人，并且当场在那里解决问题”。

组织架构和程序不可能完全消除，这就是为何本戒律要求“尽量减少”官僚主义。在我们的研究中，各种消息源都将他们的公司描述为部分结构化的，或者拥有“通常扁平但层级偶尔发挥作用”的结构。尽管如此，一个基本的文化原

①② Steiber (2014), p. 55.

则是在任何可能的情况下支持非官僚、非等级的方法。在我们的六家案例公司中，都涉及这样的做法，如试图将决策推给下级而不是上级，鼓励人们做他们认为正确的事情，而不是告诉他们该怎么做。

开放性和透明度

我们的沟通非常透明和开放……那些想法来自大家的集体智慧。[①]

——谷歌的受访者

在我们对谷歌的研究中，我们所采访的大多数人都表示，他们刚进入公司时对公司的开放性感到惊讶。即使是高级管理人员也愿意去回答问题，而且几乎所有的信息对员工都是开放的。这种开放性在全体员工大会（TGIF）上表现得更为突出，每个员工都要参加全体员工大会。会上，管理团队和创始人讨论员工感兴趣的问题，并回答员工事先提出的问题。

这些共同要素——通过信息共享，管理人员无障碍沟通和全体员工大会实现了普遍的公开和透明——这在六家案例公司中都很普遍。这些公司还采用了开放式办公室设计，首席执行官和高管团队成员的办公工位设置在员工中间。

① Steiber (2014), p.54.

这种开放和透明建立在信任的基础上。例如，当信息在公司内部公开共享时，公司需要有信心相信其中敏感信息不会被不适当地泄露给外部。其中一家案例公司处理这一问题的方法是，明确告诉人们哪些事项不应该在其他地方提及，并且相信内部员工会“理解信息的价值，并将其保密”。

“信任”的另一个维度是相信人们会在没有人监督的情况下负责任地完成工作。我们的六家案例公司都有意识地选择不应用大量的政策、指令、规则和程序来指导员工做事。更多的留给员工个体去选择完成任务的方式。正如一位高管所言，“我们的政策是把员工当作成年人来对待”。另一位高管观察到，在我们六家案例公司这样的组织和运营方式下，每一个员工都不可替代，毕竟，“这不是一个你能试图控制的组织”。

所有这些都引出了我们戒律中的下一条。

领导者，而不是管理者

多领导，少管理。

——杰克·韦尔奇

六家案例公司的目标都是吸引和培养领导者而不是管理者。有一家案例公司对两者的区别做了如下描述：“管理者”只进行单向沟通，如提供信息、决定事项优先级并做出相关指示；“领导者”擅长双向沟通，并且比起自己的地位和权力，他更注重打造一个优秀的团队。

另一家案例公司的消息人士引用了杰克·韦尔奇的上述原则。根据韦尔奇本人的说法，领导者是那些有清晰愿景的人，此外，他们能激发、激励和鼓舞人，而不是使人感到紧张、压抑和被控制。

另外，在韦尔奇看来，管理与紧密监督、控制和官僚主义等有关，会扼杀企业的竞争精神。韦尔奇还认为，管理者应该应对现状而不是去进行改变，做出反应而不是创造机会，执行组织规则而不是改变规则，寻求遵循方向而不是提供一个令人信服的愿景和战略调整，通过控制员工来推动工作完成，而不是通过满足员工基本需求后充分激励员工。

韦尔奇关于领导力的观点与我们在研究案例公司时发现的观点相一致。例如，在谷歌，在一个自我指导和激励的环境中工作，领导者最重要的任务是向员工沟通和解释是什么及为什么，[①] 尽管相应指导也很重要，但领导者必须将“怎样去完成工作”的问题交给员工去解决。

我们的其他案例公司都认为，管理者“出局”，而领导者“出场”。据一家案例公司称，公司各级领导都认同公司的战略、文化价值观和经营重点。他们消息灵通，愿意花时间去真正了解业务。通过这样的做法，他们可以提出正确的问题，然后给予员工开展工作的自主权。这种工作方式对高

---

① Steiber (2014).

管团队提出了卓越的要求。其成员必须提出正确的问题，并能从传递给他们的数据中看到“相应模型”，从而采取措施，帮助组织向正确的方向发展。另一家案例公司提供了区别管理者和领导者的进一步见解。根据这家公司的说法，管理者深入挖掘细节，并停留在那里，对员工进行微观管理；领导者则深入挖掘细节，提出正确的问题并得到答案，之后再上升到更全面的层级，并放权让他们的团队去思考如何执行任务。

而最全面的层级是最后一条原则所要涉及的内容。

建立一个生态系统，而不仅仅是一个公司

我们生活在一个以持续频繁变化的人际关系、合作伙伴关系、竞争对手关系为特征的生态系统中。这些元素的组合就像我们的空气。

——推特的受访者

这些案例公司对生态系统——公司运作的更大的外部关系和网络系统，包括现有的和潜在的重要性有着强烈的共同信念。根据我们之前对谷歌的研究，应聘者在面试时不仅会被问及他们能为公司做什么，还会被问及他们能为公司的生态系统做什么。谷歌的另一位面试者告诉我们：“作为产品经理，了解自己如何融入这个生态系统应该是工作中很自然

的一部分。”

通过建立一个共赢关系的生态系统，公司在竞争斗争中建立了防御机制，这种体系远比公司单打独斗时更为坚固。

相信生态系统力量的一个很好的例子是，特斯拉的首席执行官埃隆·马斯克在 2014 年宣布：“特斯拉不会对任何出于善意想使用我们技术的人提起专利诉讼。”[①] 此举的目的是促进电动汽车的生态系统，从而帮助特斯拉实现其使命。

脸书也展示了利用生态系统力量的信念。它发起了“Internet.org”倡议，将技术领袖、非营利组织（NGO）和当地社区聚集在一起，将目前没有互联网接入的世界上三分之二的人连接起来。另一个例子是推特的合作伙伴市场，将合作伙伴的产品和服务在推特上展示出来，以帮助其茁壮成长。

除了投资创建对公司及其商业模式非常重要的生态系统，所有案例公司还与外部开发者合作，作为其产品开发的延伸，并常规化地开放 API 和定期举办黑客大会。

这些例子似乎说明了一个潜在的事实：理解文化价值的公司知道，即使是最强大的企业文化也不可能存在于真空之中。它们必须与商业环境和所服务的社会交织在一起，并与之协调发展，这样才能蓬勃发展。

---

① Watkins (2014), p. 1.

总结评论

本章说明了为什么企业文化被视为当今商业世界的基本成功因素。本章定义了文化的内容，即一套指导性信念，并描述了激活我们在硅谷研究中的六家案例公司的文化的共同核心信念。

下一章将更具体地研究这些公司是如何进行管理的。

参考文献

Bahrami, H. (1992). The emerging flexible organization: Perspectives from Silicon Valley. *California Management Review,* 34(4), 33–52.

Egigius, H. (1994). *Psykologilexikon (dictionary of psychology)*. Stockholm: Natur & Kultur.

Himanen, P., Torvalds, L., & Castells, M. (2001). *The hacker ethic and the spirit of the information age*. New York: Random House.

Levy, S. (1984). *Hackers*. Sebastopol: O'Reilly Media. Reprinted 2010.

Levy, S. (2011). *In the plex: How Google thinks, works, and shapes our lives.* New York: Simon & Schuster.

Schein, E. (1983). The Role of the Founder in the Creation of Organizational Culture. Working Paper #1407-83. Sloan School of Management, Massachusetts Institute of Technology. Cambridge, MA.

Schein, E. (1984). Coming to a new awareness of organizational culture. *Sloan Management Review,* 25(2), 3.

Schmidt, E., & Rosenberg, J. (2014). *How Google works*. New York: Grand Central Publishing.

Steiber, A. (2014). *The Google model: Managing continuous innovation in a rapidly changing world.* Switzerland: Springer International Publishing.

Wiberg, L. (1999). Gräslandet: Ledarskap för medarbetarnas delaktighet och verksamheters förnyelse （*Borderland: Leadership for employee participation and operations renewal*）. Stockholm: Nerenius & Sante΄rus.

第 7 章

领导创业

如今，创业思维和行为是企业需要员工具备的最重要的能力……创业型员工拥有易贝（eBay）首席执行官约翰·多纳霍（John Donahoe）所说的“创始人思维模式”……他们推动变革，激励其他员工，并将事情做到尽善尽美。事实上，拥有创始人思维并不一定意味着要创办自己的公司。许多具有这种素质的人很乐意在易贝或领英这样的公司工作——这些公司是能维持鼓励创业行为的联盟。

——Reid Hoffman 等

我们研究中的硅谷公司究竟是如何组织和领导大规模创业的呢？前面的章节已经指出，组织的创新性和成长性在很大程度上是建立在拥有富有创造力的员工基础上的，而这些员工被赋予了相当大的自由来开发新的想法，并将成为创业者作为他们工作的一部分。对于这一难题，我们已经在前一章中给出答案：企业文化对社会化的个人创新和卓越至关重要。

此外，在我们的六家案例公司中，硅谷背景的影响力是相当大的。在这种背景下，可以观察和体验周围社区内其他公司和个人的行为方式，以及观察大学、商业天使投资人和风险投资及其他各方如何为创造新知识并将其推向市场做出贡献，人们的创业精神会得到激发。[①]

但即使考虑到这一切，问题依然存在。领导者个人要做什么才能使其组织具有创业精神呢？本章的重点是领导创造性人才，而第 8 章将更深入地探讨组织方面的问题。

本章分为九个部分，首先是最高领导者在领导创业中的角色，接下来两个部分讨论领导创业型员工需要赋予其一定程度的自由和创造空间：首先是提供方向与期望水平，然后是沟通与领导行为。接下来讨论了创始人、创业者的特殊功能和挑战，并且对中层领导的角色进行了回顾。然后，我们探讨了在一个需要不断缩短完成时间的环境中进行决策的方法。随后，我们将讨论如何奖励和激励具有创造力和创业精神的个人，以及优秀领导者的习惯如何发挥作用。接下来，我们强调了聘用及培养领导者的重要问题。最后，我们进行了总结评论。

最高领导者的角色

所有案例公司都由强大的高层领导（包括创始人）建立

① Steiber and Alänge (2013b).

组织。这些人在创建公司文化方面发挥了重要的作用，并且他们还在继续培养这种文化。他们的领导角色包括设定愿景和沟通目标，积极参与重要的创新和长期发展，监督和评估已完成的成就，确保招聘到合适且有创造力的人才，并为他们提供一个可以发挥所长的环境——包括在个人层面上指引并支持主动性工作及决策制定。

切斯特·巴纳德（Chester Barnard）[①]很久以前所提出的最高执行官职能中有许多在当下的新型管理模式中依然存在，但利用“众人创造力”需要最高领导者避免强硬地指示员工去做某事，并且鼓励创造性人才提出新的想法（在实践中这些想法可能超过管理者最初的想法）。对于那些本身已经表现出很强的技术能力和创造力的创始人或领导者来说，不提前介入并给出建议是很有挑战性的。然而，这是与有创造力的人签订协议的一个很重要的部分。作为领导者，你必须相信你雇用的人才有能力比你做得更好。此外，人们的想法通常是在与他人的互动中得到并提出的，这种共同的主人翁精神可以增加将想法转化为实际创新的概率。

然而，领导者需要具备技术能力，并能够参与深入的产品讨论。在我们的一些案例公司中，创始人仍然积极地参与创新和产品问题的讨论。[②]他们会通过表现出兴趣及提出相

① 例如，巴纳德提到，通过选拔人才和提供奖励来发展和维持一种沟通系统；保证一种非正式组织；维护道德、监督和监控；教育、培训及组织的宗旨和目标的制定和定义(Barnard 1938), pp.215—234。

② 注重产品的卓越性是第 6 章中描述的关键文化属性之一。

应的问题来激发有创造力的个人，而不是把主要关注点放在决策上。在我们的六家案例公司中，高层领导也会参与或领导产品评审。他们乐于跟进进度，并享受从成功和失败中学习的过程。例如，在谷歌，事后复盘确保了即使是失败的举措也能以学习的形式提供有用的产出。①

高层领导的言行很重要，但最重要的是他们能通过行为及作为向导和榜样的力量进行沟通。在谷歌，人们强调强大的领导者也是谦逊的，这已成为一种渗透在组织中的强大价值观念。谦逊的领导者可以是一个很好的倾听者，但也可以指明方向和提出问题。②

提供方向与期望水平

内部创业者需要某种方向，以便将他们的创造力引向被组织视为有战略价值的领域。尽管这个方向没有以某种限制创造力的方式写进公司制度中，但其必须非常清楚地传达给每一个人。

在我们的研究中，所有的案例公司都使用强有力的总体愿景或使命作为其存在理由的基础。这些愿景或使命也有助于吸引有创造力的人加入他们的行列。这些愿景或使命为员

① Steiber (2014), p. 73.

② Steiber (2014), pp. 65–66.

工提供了极具挑战性的任务，但为了不限制创造力，他们在如何克服挑战方面保持开放的态度。另外，我们的六家案例公司都做好了利用互联网进行持续创新的准备。基于互联网的解决方案将成为未来大多数组织创新库的一部分。

以下是我们于 2015 年 5 月从各案例公司官网下载的公司使命描述。

Apigee 的使命：提供让每个企业都能成为数字化企业的产品。（后来的声明中进一步说明：Apigee 帮助企业使用 API 在无数设备和渠道上安全地共享数据和服务。）

脸书的使命：赋予人们分享的力量，让世界更加开放和互联。人们通过脸书与朋友和家人保持联系，发现世界上正在发生的事情，并分享和表达对他们来说重要的事情。

谷歌的使命：组织全球的信息，使其随手可得，随处可用。

领英的使命：连接全球的专业人士，使他们更为专业、更为成功。

特斯拉的使命：尽快将引人注目的大众电动汽车推向市场，以加速可持续交通的发展。

推特的使命：让每个人都有能力无障碍地立即创造和分享想法与信息。

在这些使命描述中，六家案例公司不仅表达了一个方向，还设定了很高的期望值。他们希望员工能够共同参与进来，向着其宏伟的目标努力，这也是六家案例公司有别于“传统”

公司的特点之一。员工们知道创新是工作的一部分，虽然有些创新是渐进式的，但他们也应该为开发变革性或高度可扩展的创意想法做出贡献。在谷歌，这一点通过“大处着眼”（后来被首席执行官拉里·佩奇的“10倍思维拓展”所取代）进行内部沟通。

> 大处着眼的明显好处是，它给聪明的创意人员更多的自由。消除了限制，激发了创造力……大处着眼实际上是吸引和留住聪明的创意人员的一个非常强大的工具。[①]

在领英，相应的要求是“有宏图远志”“把事情搞定”及“知道如何享受乐趣”。首席执行官杰夫·韦纳甚至将佩奇对于谷歌的设定提高一倍来作为领英的使命。他将“宏图远志”定义为“20倍思维拓展”。以下是韦纳对促使他产生出三大信条的原因，以及他认为这三大信条是如何相结合的描述：

> 这一切都始于一次会议，一个有天赋的团队在会议上展示他们的目标计划……但他们的目标远远超出了我的预期……我毫不犹豫地向团队提出挑战，要求他们将长期目标提高20倍左右。不管他们是否能达到目标（我认为他们可以），重点是让他们能更大胆地思考，不受限制，并从“需要什么……”这个问题开始思考。如果理由充分，这种愿景

① Schmidt and Rosenberg (2014), pp. 217–219.

会非常鼓舞人心，能够改变团队应对特定的机遇或挑战的方式，并最终改变公司的发展轨迹。在这次特殊的会议上，我最终写下了一个简单的词来表达这种品质特质——“宏图远志”，意在将这个主题延伸得更广。几乎在看到这些文字后，我立即意识到这条信息是不够完整的，它要求人们有远大梦想而没有切实的实现愿景，这不仅是一种不完整的情绪，而且可能会带来意想不到的后果——即产生不切实际的想法，却没有任何成果。如果一个目标是真正有远见的，它就会受到他人的怀疑及众多挑衅质疑……一些最能干的人……他们只是想到“把事情搞定”。我突然想到，我认识一些人，他们拥有远大梦想及搞定事情的能力，但他们也被证明是很难一起合作的……在我的职业生涯中，我希望身边的人不仅有共同的愿景，而且真正致力于维护公司的文化和价值观。他们有团队精神，不把自己看得太重，而且知道“如何享受乐趣”。就这样，我在维恩图上加了第三个圆圈。

共同的价值观是公司文化信仰体系的组成部分。它们提供强有力的指导，尤其是通过同伴责任制，这就是为什么在某些情况下，公司会对外正式声明其价值并经常重复提起。例如，每个人都听说过谷歌的“不作恶”。董事长兼前首席执行官埃里克·施密特（以及首席执行官顾问乔纳森·罗森伯格）对其作用作如下解释：

> “不作恶”主要是另一种赋予员工权利的方式……谷歌人在做决策时确实会定期检查自己的道德指南标准，就像丰田著名的看板系统——如果发现质量问题，装配线上的任何员工都可以拉下生产线停止生产。两者蕴含着相同的理念。“不作恶”成为公司各级管理层、产品策划及办公室体制的文化基石。[①]

本书所研究的公司从某种意义上说都是初创企业，正如第 5 章所述，创始人和早期员工是塑造公司文化的主要参与者。为了保持创新文化的活力，有意识地培养和维护创新文化是高层领导者的主要任务。我们的一些案例公司为了维持公司文化，制定了详尽的、系统的员工招聘、发展和解雇程序。[②] 例如，一家案例公司的受访者说，根据其高度信任的文化和授权传统，公司将招聘和解雇的决定权留给了员工。

沟通与领导行为

长期以来，组织一直被视为“两个或两个以上的人有意

---

① Schmidt and Rosenberg (2014), p. 65.

② Steiber (2014).

识地协调活动的系统”，[1]组织的生存建立在员工的合作意愿、沟通能力及共同目标的存在和接受基础上。因此，长期以来，向员工传达目标一直被视为核心问题。传统上，最高领导者将目标传达给下一级管理层，下一级管理层再将这些目标转化到下一层次的目标之中，并以此类推。在这种日本式的卓越的体制部署中，最高领导人的目标就像是与下一级进行“传接球”的过程，[2]通过层层传接直至生产车间，个体目标与公司的优先级紧密相连。[3]

在所研究的硅谷公司中，这种系统的分解公司目标的方式一定程度上已被最高管理者与公司每个人的极度透明和直接沟通所取代。从一开始，谷歌的创始人就利用周五下午的时间向所有员工公开谈论公司当前的问题和即将面临的挑战。[4] 2004年谷歌上市后，由于股市的规定，沟通的内容受到了一定程度的限制，但高层领导的意图仍然是让每个员工都了解实际情况，并了解谷歌的优先事项，[5]而且，他们信任每个员工。除了受监管限制的部分，员工们可以获得董事会会议上的所有信息。每次董事会会议结束后，书面信息都会立即通过全公司的电子邮件发送给每一位员工。[6]同样，

---

① Barnard (1938), p. viii.

② Shiba et al. (1993).

③ Alänge (1994).

④ Steiber (2014).

⑤ Steiber and Alänge (2013a).

⑥ Schmidt and Rosenberg (2014), pp. 175–176.

埃隆·马斯克也会对特斯拉下一步的行动和优先事项做公开声明，这些声明不仅会通过电子邮件等内部途径传达，还会通过不同形式的社交媒体进行传播。[①] 还有一些其他仅供内部使用的沟通方式。

马斯克给我们公司的每个人发了一封内部邮件，内容是关于最小化官僚主义的重要性。他解释说："到目前为止，最常见的沟通方式是命令链，这意味着你总是通过你的经理进行沟通。这是愚蠢的。命令链有助于增强经理的权力，但不能为公司服务。任何人都可以也应该用他们认为最快的方式去与他人交流从而为公司解决问题，或是发邮件或是直接交谈，以助于公司变得更好。"

——特斯拉的受访者

特斯拉的首席执行官以这种直接的方式严重影响着组织的一系列信念。马斯克会通过行为发挥相应的作用，比如，他把大部分时间投入到公司的发展上，个人愿意承担巨大的风险，并直接参与到人员的招聘中。此外，在特斯拉设置的位于角落的办公桌上，员工可以很容易地接触到他，这为公司的开放性提供了基础性条件。在这家公司中，只有两个人

① 例如，2015 年 5 月马斯克在 Youtube 上发布了对特斯拉 Powerwall 的介绍，该视频在 3 个月内获得了超过 260 万次的浏览量。这个视频吸引了很多人的关注——如《福布斯》杂志的卡迈恩·加洛评论说，它的设计就像一个 TED 演讲，在 18 分钟内，"为领导人提供了一个如何发布产品的蓝图"。

拥有私人办公室，即人力资源部与法务部的负责人。

在谷歌，每个人都有自己要达成的战略目标。它们被称为 OKR（Objectives and Key Results）——即目标与关键成果法，是一套明确和跟踪目标及其完成情况的管理工具和方法——在个人层面上，它们与谷歌的“大处着眼”联系在一起。[①] OKR 是那些难以达成但仍相对实际的延伸目标。如果所有的 OKR 都可达标，那就表明目标设定得不够有挑战性。在谷歌，包括首席执行官在内，每个人的 OKR 都被公布在公司的内网上，所有员工都可以查看——这意味着公司（某方面讲即首席执行官）的季度优先事项和每个人的季度优先事项都是完全透明的。[②] 在首席执行官发布其 OKR 之后，他会主持一个全公司范围的会议，并与产品及业务相关领导层一起审查这些 OKR，他们会评价这些目标对各自团队的意义。他们也会公开回顾自己及团队上季度 OKR 的相关结果，并复盘相应的成功与失败原因。[③] 与体制部署相反，OKR 并不全面，因为“它们只适用于需要特别关注的领域目标，这些领域和目标如果没有一些额外的推动力是无法实现的。一切日常工作业务是不需要 OKR 的”。[④]

沟通必须满足哪些要求才能被认为是有效沟通？员工需

---

① Steiber (2014).

② Schmidt and Rosenberg (2014), p. 177.

③ Schmidt and Rosenberg (2014), p. 178.

④ Schmidt and Rosenberg (2014), p. 222.

要认为沟通是真实的、及时的，无论基于公司战略建立的实际情况还是信念愿景。此外，开放和透明的文化有助于让员工觉得沟通交流是值得信赖的，无须隐藏。最后，领导者的可接近程度及行为也很重要，因为员工会从他们的行为中发掘到什么是真正重要的，无论他们说了什么，或写了什么。①

> 领导者的任务是：践行使命宣言……组织支持员工实现有意义且切实的目标。在一流的公司里，员工都非常投入，业绩也很突出，各级领导都很尊重员工，并始终如一地努力给予他们出色完成工作所需的自主权、帮助、资源和时间。

我们的硅谷案例公司在这些领域的表现都非常突出，其高层领导在公开、直接地与员工沟通的同时，参与并关注对公司来说至关重要的利益：改革创新与新的商业模式。在其中一家案例公司，一位受访者向我们表达了以下观点：

> 领导者必须对各种想法持开放态度，保持灵活和敏捷，及更高程度的透明度与共享模式，对信息更加开放，反对保密。

下面是另一个例子，一家案例公司的受访者描述了一个最高领导者兼创始人是如何通过自己的行为来关注创新和速

① Grove (1996).

度的，描述如下。

公司的组织结构是以首席执行官为中心的，在他周围有不断涌现的创意和想法。此外，撰写代码也是核心行为的一部分……员工想创造出极为惊艳的事物，所以他们可以与首席执行官一起谈论。

这些公司在实践中自然是使用自己的产品。例如，在脸书，公司是在脸书平台上运行的，以小组形式组成；领英也用自己的平台进行职业资源寻找，以及建立毕业生校友网络；谷歌自然也是使用其平台去做检索及其他产品。

创始人创业者

如前所述，在我们研究的所有案例公司中，创始人仍然在高管或董事会职位上发挥着积极作用。回顾历史，创始人对于公司的发展一直起着举足轻重的作用。然而，“亘古不变的真理”是，创业者对于初创企业来说至关重要，而职业经理人则对持续发展至关重要。苹果公司就遵循了这一道理。1983 年，史蒂夫·乔布斯招募了一位经验丰富的大公司高管约翰·斯卡利（John Sculley）接替他担任苹果的首席执行官。乔布斯仍然担任董事会主席，但在 1985 年，他被迫离开苹果公司。1997 年，日渐衰落的苹果公司将乔布斯作为救星请了回来，结果，这带来了史上最令人印象深刻的一次企业振兴。现在的问题是，旧的真理是否已经过时——也许在公司的整个发展曲线上都需要创始人，这样公司才能在快速变化的市场中保持竞争力。

回顾过去，IBM 的第二任首席执行官小托马斯·沃森（Thomas Watson Jr.）为基于计算机科学和大型计算机的长期商业成功奠定了基础。然而，当商业环境发生变化（部分原因是由于 IBM 自己对普及个人电脑的贡献）时，IBM 发现自己已经过时，濒临破产。新任首席执行官卢·格斯特纳（Lou Gerstner）不得不改变几乎所有的事情，包括公司的详细着装规定，以便将 IBM 重组为一家服务组织的开放创新型公司，并将知识产权交易作为一个新的业务领域进行开拓。因此，尽管小沃森和他的父亲（创始首席执行官）已经非常有影响力，为整个行业发展奠定了基础，但为了对商业模式进行彻底改变，仍然需要一个新的创业型首席执行官担任最高职务。

在其他情况下，只要创始人和早期领导者制定的愿景和方向足够通用，就足以支撑起公司几十年的运营并反映公司的精神，乔治·W. 默克（George W. Merck）在 1925—1950 年担任美国默克公司的首席执行官时，将主要精力放在为人民提供药品，而不是在利润上。几十年来，这一直是激发默克员工创造力的强大动力。

我们永远不会忘记，医药是为人民服务，而不是为利润服务的。[①] 如果我们记住了这一点，利润就会随之而来。[②]

这句话与谷歌创始人鼓励员工创造对用户有价值的新产品和服务相类似：最初只为用户的价值而不是商业模式而费心。正如 2004 年谷歌创始人在上市前的 IPO 公开信中所表达的那样："服务我们的终端用户是我们工作的核心，也仍然是我们的第一要务。"在他们的《重新定义公司：谷歌是如何运营的》一书中，埃里克 · 施密特和乔纳森 · 罗森伯格补充说，完整的表达应该是"专注于用户，其他一切都会随之而来"。[③] 他们接着说："这意味着……我们相信，我们会从聪明的创意中找到赚钱的方法。这可能需要一段时间，所以坚持下去需要强大的信心，但这通常是值得的。"例如，当保罗 · 布克海特（Paul Buchheit）将谷歌邮箱（Gmail）作为一个用 20% 的工作时间进行开发的项目时，他想找到一种创造收益的方法，却被告知"现在只要专注于将谷歌邮箱做好，以后再考虑收入的问题"。[④] 施密特和罗森伯格评论说："但是谷歌邮箱是保罗的心血，他无视了我们的建议……几个月后，谷歌邮箱正式上线。广告并没有为谷歌邮箱带来

---

① 1988 年我们从默克公司得到的访谈数据。

② George W. Merck 于 1950 年，引自 Collins 和 Porras 1994(2002), p.48。

③ Schmidt and Rosenberg (2014), p. 214.

④ Schmidt and Rosenberg (2014), p. 228.

多少收入，但该技术（后来经过改进）改进了我们的谷歌广告联盟（AdSense）产品……成为一项价值数十亿美元的业务”。[①]

上述默克公司的名言表达了公司开发药物治愈人类疾病的“崇高目标”，这是默克公司创新的强大动力。这种宏图远志，不仅可以让用户或顾客满意，而且可以让企业获得利润，还可以吸引人才加入公司（正如第 5 章所指出的），并提供内在的动力，使人们发挥出自己的优势让公司更加蓬勃发展。例如，特斯拉为可持续发展的社会做出贡献的雄心就是这样一个崇高的目标；谷歌让全球的信息变得容易获取和应用的愿景，以及其创始人著名的“不作恶”指令也是如此。

中层领导的角色

虽然许多传统的活动仍属于高层领导，但在我们的六家案例公司中，中层领导的角色与传统公司截然不同。所有的公司都有一个共同点，就是希望首席执行官和基层员工之间少设置层级。这意味着中层领导会有更多的直接报告，一些公司对此进行了相应的探索，如谷歌的“七次法则”[②]——每个领导至少要有 7 次直接汇报。扁平化的等级制度与任人

---

① Schmidt and Rosenberg (2014), p. 228.

② Steiber (2014), p. 69.

唯贤的原则相结合，意味着职位等级具有另一层含义。让许多有创造力的人脱颖而出的基本理念在这个层次的管理中有了更多的含义，主要是让下属发挥主观能动性去促进和创造机会，努力开创和检验自己的想法——有时是在与向其他领导汇报的同事建立联结中产生的。对于精通技术的中层领导来说，克制住提供早期指导的冲动是非常具有挑战性的，因为这曾经是有能力的中层领导得到赏识的一种方式。

一家案例公司的中层领导解释了这个具有挑战性的角色：

> 你给人们较为有限的资源让他们去做一些尝试，并且作为一个领导者，你还要尽可能地不插手。我喜欢确保我们正在尝试和不断测试，我不需要看到他们所看到的。有人说“我有一个很棒的想法，我还有一个对这个想法深信不疑的团队，我想尝试一下”……我说“去做吧”。我很支持他们，即使我没有看到他们所看到的。因为如果我开始把我的判断放在上面，我就会变成其中一层，我会抑制这种创新——而我的工作是支持这种创新……最重要的是，我在支持他们。我了解他们，我信任他们，我和他们一同工作过……我说：“我不知道你看到了什么，我看不见你们所看见的……但只要这符合战略上及品牌上的要求，只要你们相信这个项目，这是你们的‘赌注’，我就会全力支持你们。”

我们已经注意到，六家案例公司的员工通常被敦促要有宏图远志，从全球市场的产品创意上，规模化地进行大胆思考。然而，一位受访者强调，在指导人们创新的过程中，中层领导的一部分职责就是帮助那些目标过于宏伟的员工，将他们的想法分解成一个个较小的、易于管理的部分，之后逐步推进。

进行决策

我们的六家案例公司都需要快速进行决策，以缩短创新周期。由于公司规模不同，结构不同，因此在某种程度上，决策的方式也有所不同。

在早期的创意阶段，谷歌利用其 20% 的规则，让有创意的开发者去开发自己的创意。对于工程师来说，只有当领导者认为这种独立的工作可能危及正常工作任务中的重要交付时，才可以推迟这项工作的开始。个体向其他工程师展示他的想法，如果其他工程师认为这个想法很有前途，他就可以决定用自己 20% 的工作时间来支持开发。这就意味着，谷歌工程师可以独立于领导者，通过内部的群体决策过程决定持续开发一个想法创意，至少开发出一个工作原型。无论领导者是否看到项目的潜力，他的角色都是支持工作，其中包括为工程师提供基于信息技术的测试系统的访问，以便进行快速、可扩展的测试。

在脸书，这个过程有些不同。创始人马克·扎克伯格每周都会听取工程师们的新想法。与此同时，在以生成新代码为目标的24小时编程马拉松中，可以将结果原型展示给包括扎克伯格在内的领导小组。然后，这个小组会对是否继续开发原型迅速做出决定。

编程马拉松是脸书的一大传统。它是一些伟大（或不那么伟大）想法的基础。它使我们的员工有机会去尝试新想法，并在一个有趣的环境中与他人合作。

在脸书，我们相信每个工程师都拥有惊人的想法和创造力。编程马拉松是脸书的一个长期传统，在这里，我们的工程师通宵工作，从零开始创造一个产品或原型。记住，完成比完美要好……胜出的团队将有机会在编程马拉松总决赛——11月在加利福尼亚州门洛帕克的脸书总部举行——与国内和国际上其他编程马拉松的团队竞争，并由我们的高管进行评判。

然而，还有许多其他方法可以加快决策的速度。这些方法包括公开地让用户和客户参与投票程序，或者为用户推出产品，用户通过其用户行为为开发者提供反馈。在谷歌、脸书和推特等互联网公司，后一种方式被频繁使用。例如，在几天之内，谷歌就可以在数百万用户身上测试出两种不同的产品概念，并收到精确的数据，从而基于“真实用户行为”，[①]显示哪种概念更受欢迎。

① Steiber and Alänge (2013a).

奖励与激励措施

在我们的六家案例公司中，受访者肯定了具有创造力和创业精神的个人会受到内部激励。这得到了其他研究的支持，包括著名的研究团队雷莎·阿马比尔（Teresa Amabile）和史蒂芬·克雷默（Steven Kramer）的研究。他们发现对于知识型员工来说，最强的激励因素是在有意义的工作中取得进步。他们认为，如果领导者知道如何促进员工的进步，并意识到哪些行为可能是消极的，他们就能对员工的幸福感、积极性和创造性产出产生积极影响。

> 通过对知识型员工的详尽分析……我们发现了进步原则：在所有能提高情绪、动机和认知的事情中，最重要的是在有意义的工作中取得进展。从长远来看，人们越是频繁地体验到这种进步感，他们就越有可能具有创造性的生产力。①

支持工作的各种措施是相应的催化剂，如设定明确的目标、允许自主、提供足够的资源和时间等。这些对实际进展和做好工作的动机都有积极影响。人与人之间的支持行为是相应的养料，如尊重和认可、鼓励、情感上的慰藉及联谊的机会等。②催化剂和养料可以改变工作的意义，并向人们发

---

① Amabile and Kramer (2011), p. 72.

② Amabile and Kramer (2011), p. 76.

出信号，表明他们的工作及他们个人对组织的重要性，从而放大了进步原则的运作。

很大程度上，硅谷的六家案例公司都是根据这一被阿马比尔和克雷默认定为“基本常识”和“基本理解”的进步原则进行管理运作的。[①] 例如，谷歌的优秀领导者的八大好习惯[②] 就同时具有催化和滋养的内容。

做一名优秀的指导者。这包括给予具体的、有建设性的反馈，定期与每个员工开会，并利用每个员工的优势来制订解决问题的方法。

赋予团队权力，而不是事无巨细地进行管理。这意味着要在给予员工自由度和提供支持之间相平衡。领导者还应该分配具有挑战性的任务，以支持员工承担解决重大问题的意愿。

表达出对员工的成功及其福利的兴趣。这就需要通过了解作为个体而不仅仅是作为雇员的员工，来表现对他们的兴趣。领导者必须确保新员工感到受欢迎，如果他们希望更换项目，领导者应该让他们更容易做到这一点。

高效率并以结果为导向。这意味着领导者要关注个体希望团队实现什么，以及每个员工应该如何为这个目标做出贡献。领导者应该通过安排好任务的优先级，并做出能消除障碍的决策来支持员工。

做一个优秀的沟通者。倾听团队的意见，要知道沟通是双

---

① Amabile and Kramer (2011), p. 77.

② Steiber (2014), pp. 63–64.

向的，包括倾听和分享。一个好的领导者应该为所有员工安排会议，明确小组的目标，激发对话，倾听问题，了解员工的困扰。

帮助员工实现职业发展。积极支持员工的职业发展，并帮助他们拓宽技能和实现继续教育。

拥有清晰的团队愿景和战略。这意味着让团队专注于目标和战略，让他们讨论并推进集团的愿景和目标。

掌握关键的技术技能从而为团队提供建议。这意味着领导者要获得必要的技术专长，从而能够为自己的团队提供好的建议。这也意味着在需要的时候，领导者要撸起袖子与团队并肩作战。

通过了解领导者的好习惯，与他们进行沟通，并定期跟进，对每个领导者的行为进行反馈。谷歌很好地培养了内部领导者，并保证他们达到要求的标准。[①]

聘用和培养领导者

聘用和培养领导者是非常重要的，因为他们对其他人有很强的影响。例如，担任领导职务的人的不道德行为可能对一个组织的文化非常有害。一些案例公司已经建立了一套程序，让晋升到领导岗位的候选人不仅要接受上级的评估，还要从同行和下属的角度进行评估。谷歌有一个程序，要晋升一个人到领导岗位，至少要有 5 个同事的同意。这种评估得

① Steiber (2014).

到了年度员工评价领导能力调查数据的支持。[①]

一个人是可以被培养成为领导者，还是天生就是领导者，这个经典问题没有简单的答案，因为两种观点都可能是正确的。谷歌的晋升过程可能选拔出天生的领导者，但与此同时，公司也相信个人可以通过社交、角色榜样学习、反馈过程和培训成为更好的领导者。例如，财捷公司（Intuit）前首席执行官比尔·坎贝尔（Bill Campbell），同时也是谷歌核心管理层成员与苹果公司乔布斯的顾问，认为领导力是可以学习的。在乔布斯[②]和谷歌领导者[③]的传记中也提供了许多相关的例子。因此，人力资源部门投入了大量的资源在评估领导者所需的特质及支持领导力发展上。谷歌"不作恶"的道德指南针（Andon 系统[④]）功能也有助于领导者做出决策，会让下属说出"这样做不谷歌"等评价。[⑤]无论如何，最基本的机制之一是最初的招聘过程，在这个过程中，谷歌试图通过测试和询问道德伦理问题来淘汰不符合公司道德标准的人——因为改变一个人的道德伦理是非常困难的。[⑥]

一些案例公司将道德伦理视为其文化的组成部分，并非常关心维护伦理实践。如在谷歌，这包括仔细地全面筛选应

---

① Steiber (2014), pp. 67—68.

② Isaacson (2011).

③ Schmidt and Rosenberg (2014).

④ Andon 系统源于丰田的看板系统，是指装配线上的任何员工可以通过拉下生产线来停止生产，以便在更多的浪费产生之前，让每个人都集中精力寻找问题的根源。

⑤ Schmidt and Rosenberg (2014).

⑥ Steiber and Alänge (2013a).

聘者，因为不道德的行为会对公司文化产生负面影响，尤其是当不道德的人担任领导职务时。然而，在应聘者成为员工之后，管理层也有责任使其维护道德规范。在施密特和罗森伯格的书中，这个问题以一种诗意的方式进行讨论，把有道德的人称为“骑士”，而把不道德的人称为“恶棍”。

> 这里没有恶棍的容身之地。一般来说，根据我们的经验，一次做了恶棍，就永远是恶棍……幸运的是，员工的行为是遵循社会规范的。在一个健康的骑士价值观的文化中，骑士们会对恶棍的不良行为进行惩戒，直到他们要么改过自新，要么离开。
>
> 作为领导者，如果你发现你的团队中间有一个恶棍，最好是减少他的责任，并任命一个骑士来承担它。而对于更恶劣的冒犯，你需要迅速地除掉这个恶棍……聪明的有创造力的人可能有很多好的品质，但他们不是圣人，所以注意个人的恶棍系数很重要。[①]

两位作者还指出了区分“恶棍”和“天后”的重要性。虽然后者以自我为主导的个性不符合标准的社会规范，但对组织来说他们可能是非常有价值的。

恶棍与天后不能混为一谈。恶棍行为是低诚信的产物，天后行为则有高度的特殊性……只要天后的古怪自负可以匹配他们的贡献值，就应该容忍甚至保护他们……请记住，史

---

① Schmidt and Rosenberg (2014), pp. 49–51.

蒂夫·乔布斯就是世界上最伟大的商业天后之一！[①]

总结评论

我们的六家案例公司的组织结构是基于这样一种假设，即如果给予有创造力的个人适当的条件和自由来检验他们自己的想法，他们就能在开发创新方面表现出色，并使其在实践中取得成功。这种假设对各级领导提出了很高的要求，要求他们既要提供必要的指导和支持，也要给予员工足够的自由和空间去发挥他们的创造力。领导者需要通过愿景、文化及自身行为进行一种软性引导，并将其与坚定的目标和清晰的愿景结合起来，这些可以通过硬数据追踪。

虽然有些领域需要领导者进行决策，但他们的目标是通过直接让有创造力、有胆识的员工参与新形式的决策，从而加快创新进程。领导者的重要作用是支持个人和团队，并为其创新和创业提供合适的条件。对领导者的要求越来越高，就使得聘用和培养领导者显得尤为重要。

一个重要的挑战是，领导者需要能够同时处理好现在（开发）和未来（探索）。另一个复杂的问题是，他们需要在一个开放的环境中工作，在那里，创新越来越多地参与到与他人的互动中。这些组织的双元性和开放式创新问题将在下一章进行讨论。

① Schmidt and Rosenberg (2014), pp. 49–51.

参考文献

Alänge, S. (1994). The new paradigm for industrial practices: Total quality management in 1994. *CIM Working Papers,* WP 1994–01.

Amabile, T. M., & Kramer, S. J. (2011). The power of small wins. *Harvard Business Review*, 89(5), pp. 1–12.

Barnard, C. I. (1938). *The functions of the executive*. Cambridge, MA: Harvard University Press.

Collins, J., & Porras, J. I. (1994). *Built to last: Successful habits of visionary companies*. New York: HarperCollins.

Grove, A. S. (1996). *Only the paranoid survive: How to exploit the crisis point that challenge every company and career*. New York: Currency Doubleday.

Hoffman, R., Casnocha, B., & Yeh, C. (2014). *The Alliance: Managing talent in the networked age*. Boston: Harvard Business Review Press.

Isaacson, W. (2011). *Steve Jobs*. New York: Simon & Schuster.

Schmidt, E., & Rosenberg, J. (2014). *How Google works*. New York: Grand Central Publishing.

Shiba, S., Graham, A., & Walden, D. (1993). *A new American TQM: Four practical revolutions in management*. Portland: Productivity Press/The Center for Quality Management.

Steiber, A. (2014). *The Google model: Managing continuous innovation in a rapidly changing world.* Switzerland: Springer International Publishing.

Steiber, A., & Alänge, S. (2013a). A corporate system for continuous innovation: The case of Google Inc. *European Journal of Innovation Management*, 16(2), 243–264.

Steiber, A., & Alänge, S. (2013b). The formation and growth of Google Inc.: A firm-level Triple Helix perspective. *Social Science Information*, 52(4), 575–604.

第 8 章

动态及双元的创业型公司

全球经济的发展对公司在国内外的创业和敏捷能力提出了更高的要求，这反过来又要求管理层制定和遵循良好的战略和组织，以允许和促进双元性、学习、创新性。这就是当今全球经济中大部分企业生存和发展的代价。然而，如果没有管理理论的话，经济理论在认识这些新的现实方面已经落后了几十年。

——大卫·蒂斯（2014）

前几章深入探讨了新管理模式中关于人的方面：企业所需要的“特殊人群”、所创造的文化的重要性和期望的属性，以及领导人必须表现出的素质。现在我们将重点转移到关键的组织和战略问题上。为了在初创阶段之后仍然保持创业精神，一个组织必须为此设计和管理相应目标。正如我们在前面所看到的，它必须具备动态能力，即在进行相应调整的同时，能够感知和抓住新的机会；它必须是灵活的，既能开发当前业务，又能探索更多新的可能性。

由于这些重要的品质是相关的，我们将一并讨论。因此本章将从多个角度进行讨论。我们将着眼于硅谷的六家案例公司和其他地方的公司所采取的措施，并将领先的管理研究人员的见解和与公司内部一线人员的观察访谈相结合。

本章第一部分是对动态能力的简要讨论。然后是对各种双元性和开放式创新方法的描述，这两种方法共同构成了我们案例公司动态能力的两个重要组成解释，因为它们直接引导我们研究现有的大型公司是如何组织和管理以追求持续创新的。本章都会对这些内容做详细的介绍。

动态能力

我们之所以选中硅谷公司进行研究，是因为它们明确希望要保持活力和不断创新。正如谷歌联合创始人拉里·佩奇所言：

> 与我们拥有的资源相比，我永远不认为我们会没有重要的事情可做。世界上有许许多多需要解决的问题。

这些案例公司都相对年轻，虽然处于不同的成长阶段，但它们都致力于保留一些创业企业的特点，这些特点使它们具有创新性。2015 年，在笔者写本书时，谷歌是一家有 17

年历史的公司，而其他公司——领英、特斯拉、脸书、推特和 Apigee，成立时间都在 9 ~ 13 年。然而，在这相当短的时间内，它们完成了戏剧性地成长。截至 2015 年，谷歌已经有超过 5 万名员工，并且仍在扩张；除了 Apigee，其他公司的员工从几千人到一万多人不等，并且员工数量同样在持续增长。私人持有的企业 Apigee 是一家高度专注于服务的企业而非大众消费市场的专业公司，只有大约 400 名员工，但正在向全球市场渗透。①

六家案例公司所做的让人印象极为深刻，因为组织通常会随着时间的推移而失去创新能力，建立加强关键业务流程的新程序和规则似乎扼杀了创新。李奥纳德·巴顿（Dorothy Leonard Barton）（1992）观察到，在一段时间后，由于环境的变化，例如新技术、新客户群体、新供应商和商业模式的变化，公司的核心能力会变成核心刚性。这增加了一个重要的时间维度，强调需要不断改进和创新的必要性。

正如我们在第 2 章中所看到的，蒂斯和皮萨诺（1994）将持续竞争优势的来源称为动态能力，其中“动态”一词是指环境的变化特性。“能力”一词强调了战略管理在适应、

① 就业数据（截至 2014 年 12 月 31 日）来自脸书、谷歌、领英、特斯拉和推特 2015 年年度报告，以及 www.bloomberg.com 上 Apigee2015 年年度报告。这些公司一直在快速增长，所以当你读到这篇文章时，这些数字可能不是准确的，但它们可以提供这些企业的相对规模和成立时间。

公司	雇员人数	成立时间	公司	雇员人数	成立时间
Apigee	409	2004	脸书	9 199	2004
推特	3 638	2006	特斯拉	10 161	2003
领英	6 897	2002	谷歌	53 600	1998

整合和重新配置内部和外部组织技能、资源和职能方面的关键作用，以适应不断变化的环境。因此，蒂斯等（1997）将动态能力定义为“企业整合、构建和重新配置内部和外部资源以应对快速变化的环境能力”。出于应用目的，蒂斯（2014）将动态能力分为：①识别、开发、共同开发及评估与客户需求有关的技术机会（感知）；②调动资源以解决需求和机会，并从中获取价值（把握）；③持续更新（转化）。

正是在这种背景下，对创业者的需求产生了。熊彼特（1942）将创业者表述为：

> 创业者的功能是改革或革新生产模式，利用一项发明，或更广泛地利用一种未经试验的技术可能性来生产一种新的商品，或以新的方式生产一种旧的商品，开辟一条新的材料供应来源或产品的新出路，重组一个产业，等等。[①]

动态能力是指当环境发生变化，需要发现新的机会并采取行动时，公司仍能够蓬勃发展的能力。然而，为了未来的生存和发展，一个公司也需要管理好现在。同时关注两个时间视角的能力被称为“双元性”。

理论中的双元性

公司不断面临着这样的挑战：既要出色地满足今天的客

① Schumpeter (1942), p. 132.

户需求，又要为明天的客户研发产品和提供服务，而这些产品和服务甚至可能对今天的客户造成直接威胁。马奇（March）（1991）将其表述为既能开发（当前业务）又能探索（未来业务）。[①] 塔什曼（Tushman）和奥莱利（O'Reilly）（1997）认为，管理者需要建立一个双元的灵活组织，他们将其描述为：

> 这个组织既可以支持稳定性和渐进式的变化，又可以支持间断和不连续的试验。[②]

在互联网和信息廉价处理的时代，变化的速度急剧加快，在许多行业，维护现有产品和服务的时间已经缩短。这迫使公司更加关注新产品和新商业模式的探索和开发。信息技术和互联网也开辟了与公司外部实体和个人合作的新模式。这导致了对新的合作创新方法的更多测试，促成了产生的新想法的更大变化。

根据本纳（Benner）和塔什曼（Tushman）（2015）最近的一篇文章，我们看到了创业型企业面临的两大挑战。首先是对于双元性的“传统”观点的认识，即能够在开发和探

---

① 然而，在马奇 (1991) 提出他的广为应用的二分法之前，如何同时进行开发和探索的问题就已经被研究者和实践者提上了议事日程。很久以前，熊彼特就详细讨论过静态和动态的问题，谈到了在小步骤中不断调整和进行新的组合之间的区别，他称之为创新 (Schumpeter 1912, 1934)。

② Tushman and O’Reilly (1997), p. 14.

索之间游刃有余。其次是解决创新应该位于何处的问题——在公司内部还是外部。

> 由于创新的根本性变化，即通信和信息处理成本的大幅降低，以及数字化和互联网所引发的产品和服务的日益模块化，创新的基本机制和地点在过去十几年中已经发生了变化。社群或团队创新的侵入将探索和开发的创新中心从企业转移到团队中（并与其高度开放的思维方式联动）。[①]

与蒂斯（2014）的观点一致，本纳和塔什曼有力地论证了批判地审视既定的创新研究知识的必要性，他们声称需要进行实证研究，因为技术和组织方面发生了重大变化，这意味着"创新的性质已经发生了转变"：

> 这一转变对创新和组织的研究和理论有着深刻的影响。我们的许多核心假定及相关的研究和理论可能已经过时……如果创新的本质已经发生了变化，那么我们对创新的研究和理论就必须转回到以归纳或以问题为中心的研究工作。[②]

双元性的挑战

多年来，如何让现存大公司更具创新性一直在从业人员

---

① Benner and Tushman (2015), pp. 11–12.

② Benner and Tushman (2015), p. 12.

和学术界的议程上，但这仍然是一个有待探究和实践试验的问题。下面我们将描述我们的硅谷六家案例公司是如何从内部和外部组织同时处理探索和开发问题的。我们还将参照文献中提出的关于处理双元性的一些建议，简要地讨论在这些公司中观察到的方法。

我们的硅谷六家案例公司用多种方式来应对双元性挑战。首先，这些公司在其现有的运营范围内进行创新，并开发了基于自下而上的工作方法的实践，以创造变化。其次，另一种经典双元性的方式是建立一个独立的单位，负责当前核心业务之外的创新。最后，更进一步引入各种形式的开放式创新，包括用户和开发者等在内的社群作为外部组织做出的贡献。对于所有这些双元性的组织方式，高层领导者的行为极为重要，因为他们在一个地方所倾注的时间反映了他们的关注点——有效地交付现有产品或服务，或确保持续的创新。

我们将首先讨论六家案例公司如何在其现有的业务中进行创新。

众人创新，造就当下的内部运营

我们研究的硅谷六家案例公司的特别之处在于，他们把自己的组织设计成双元性的常规运作机制。他们这样做是为了响应其行业的发展速度，这就产生了快速更迭创新周期的需求。这种工作方式的基础是前几章所描述的步骤所奠定的：雇用有创造力的、有创业精神的人，建立一种重视创新的文化，并拥有支持创新的领导者。在这个基础之上的，是企业用来刺激、指导和协调内部创新的战略和组织步骤。

高层领导者的关注

所有案例公司的一个特点是，高层领导者在他们自己的行为中显示出双元的重要性。在所研究的公司中，具体的操作方式各有不同。在特斯拉，首席执行官埃隆·马斯克将大量时间投入公司的发展中。在脸书，谷歌前副总裁雪莉·桑德伯格（Sheryl Sandberg）作为首席运营官负责运营领域，而产品和技术则由创始人首席执行官马克·扎克伯格负责，他通过参与新产品和服务的相关决策，不断支持创新。通过这种责任领域的划分，脸书创造了一个探索和开发的基地，其中每一领域的人都在他们的工作中表现出雄心壮志。根据我们在2010年的研究，谷歌的创始人选择了类似的方式专注于创新，通过扮演以技术和产品为导向的角色，保持着深入研究新领域的自由，而不会被日常运营中的所有重要问题所淹没。这种自由通过创始人不使用提前预约的日历方式——除了与时任首席执行官埃里克·施密特的每周领导会议，以及周五与所有员工的谷歌员工大会——而得以加强。

这种对产品和技术的关注要求创始人和高层管理人员具有出色的技术知识和商业理解能力，这在所研究的六家案例公司中非常普遍。正如第 6 章所指出的，创始人和首席执行官通常有计算机科学方面的技术背景，在编程方面有相当多的个人经验。高层领导同时进行渐进式和激进式的创新，不仅关注开发，也关注探索，这被描述为一种“平衡”不同组织结构和文化的能力，从而建立和管理双元化的公司。[①]

半结构化的状态

所有案例公司的另一个特点是，他们把自己描述为半结构化公司。他们担心公司变得过于以过程为导向或过于死板。然而，从这些案例公司的不同领域来看，有一些领域的流程管理是更为重要的，例如分销和销售。一家公司的消息人士评论道：“我们是半结构化的，当一些实践变成结构化时，我们就会越来越趋于标准化。”

这与布朗（Brown）和艾森哈特（Eisenhardt）（1997,1998）的发现相一致，他们发现成功且持续的多产品创新结合了有限的结构（“半结构”），在明确的管理职责和项目优先级中，利用广泛的沟通来管理当前的项目，并在实际开发过程中允许自由和随机应变。这种半结构状态是一种“耗散性平衡”，需要管理者持续关注，以避免陷入纯混乱或纯粹的结构中，即在“混乱的边缘”保持平衡。这个核心概念表明，当有一些初步结构但还不是过多时，就会发生自组织。

---

① Tushman and O'Reilly (1997), p. 37.

小型团队

实践的组织解决方案是使用有创造力的个人组成的小团队来产生和实施新的想法。这些团队往往是高度自主且自我驱动的，同时行动迅速。2011 年，福布斯的一篇关于谷歌创新的文章引用了首席执行官埃里克·施密特（Eric Schmidt）的话。

我们没有一个两年的计划。我们的计划是下周和下季度的。我们大多数成功的产品都是由快速反应的小型团队开发的。

而在另一家案例公司，一位受访者对这种工作方式进行了如下描述。

在一个命令——控制的结构中……你将最优秀的人放在管理者的位置，这个系统就依赖这些人的指挥和控制。问题在于，这个系统对于不称职现象有很高的容忍度（因为其他人都不需要做得那么好）。这个系统也会让最优秀的人出现瓶颈，比如在决策方面。此外，这个系统无法扩展。相反，从亚马逊及其他创业公司中学到的是，你只应该拥有最优秀的人才，并应用小型团队。他们解决自己的问题，而不需要管理者进行大量的检查。这是一种新的模式——具有自主管理权的小团队。

不使用头衔，不使用组织结构图。小团队需要利用开放源代码、云服务（信息技术解决方案）以快速移动……他们的口号是“自治—问责—结盟”。自治：小团队做决定；问责：他们对一组要解决的业务问题负责，并进行调整。小团队是松散耦合的，所以面对客户或整体战略时不会有冲突和混乱的画面出现。

可以看出，受访者认为，小型团队是可扩展的，而这在传统的组织方式中是比较困难的。此外，小团队模式是一种自下而上的解决问题的方式，通过许多内部问题解决者的参与，小团队可能产生相应的更广泛的新创意。

透明度和开放性

让有创造力的人在自主的小型团队中工作的方法取决于这些个体对公司优先事项的充分认识程度。因此，这些案例公司的另一个共同特点就是它们都非常透明。上一章描述了谷歌的创始人如何分享他们认为的公司所面临的挑战，并接受任何员工的提问。此外，所有员工都可以获得与谷歌董事会基本相同的书面材料。[①] 领英是另一家非常透明的公司。它把重要的东西分享给所有员工。和谷歌一样，这并不被视为一个问题。一位受访者说：

在领英，我们的政策是“将员工当作成年人一样对待”。

① Schmidt and Rosenberg (2014), pp. 175–176.

在公司会议上，我们尽可能公开业务细节，而在涉及隐私的情况下，我们的首席执行官只要求员工不要在公司外谈论此事。

启发法或“简要制度”

建立双元性的重要工具是启发法或简要制度。它们强调在做常规工作的同时也做些常规之外的事情，并将这两个方面构建到公司和具有创造性的个人之间的社会契约中。由埃里克·施密特提出的谷歌 70–20–10 制度就是一个例子，它指出，将 70% 的工作专注于一天的核心事项上，20% 的工作放在新兴但与目前相关的事项上，以及 10% 的工作集中在完全新的有很高失败风险的，但可能对未来的发展产生极大影响的领域。这一制度有助于保证在预算削减的时期，总会有一些资源和注意力被投入具有前瞻性的创意想法上。据我们的受访者所说，领英也使用了类似的 70–20–10 制度，[①] 即 70% 的员工专注于核心工作，20% 的员工做战略工作，而剩下的 10% 负责风险工作。

谷歌还利用其时间分配制度，进一步激发自下而上的创新过程，即选择新的领域进行探索，并在这些领域中产生创意想法。谷歌通过让其他人有机会参与最初的创意提出环节，加上他们投入的 20% 的时间，为早期阶段的创新创建了一个内部群决策过程，在这个过程中，谷歌员工在小型团队中进

① 可口可乐等公司也在使用 70—20—10 制度进行创新。其他公司则使用其他简要制度来专注于创新，例如 3M 的“30% 制度”，规定每个部门 30% 的收入必须来自过去 4 年推出的产品。

行最初原型的开发。

嘉鲁达（Garud）等（2011年）探讨了3M公司的实践，这家公司在一个多世纪里一直保持创新，同时为包括谷歌在内的许多其他公司提供了灵感。由于偶然产生的想法很容易在日常工作中丢失，3M公司创建了一些机制来保持这些想法的活力。其中有一个众所周知的“15%的探索时间”选项，3M公司的员工可以利用这个选项来开发一个想法。虽然这种简要制度听起来很直白，也很容易向外界传达，但事实上，3M的创新实践要复杂得多。这些创新实践包括促进员工之间的持续互动和相互关系，并通过“创新大事记”来强化创新文化。嘉鲁达等（2011）提出了一种观点，认为与创新有关的许多方面在“错综复杂的部署”中相互作用。他们的分析结论是：

总而言之，3M公司的复杂部署同时激活了代理商的多种主观动向。代理商被3M相应的实践产物所塑——大量的产品、工作组件、人际关系产生过程，创新过程中涉及的时间动态，以及指导方针的谨慎应用等。对创新的记述有助于将这些实践以这样的方式内化，使创新的复杂性被……以一种富有成效的方式加以利用。因此，创造力和偶然性成为参与并了解工作的一部分，在这期间，员工们进行试验……并在这个过程中产生新的见解。①

① Garud et al. (2011), pp. 31–32.

苏尔（Sull）和艾森哈特（Eisenhardt）（2015）进一步举例说明了当许多创造性强的个人能够独立地为其组织的战略目标做出贡献时，应用简要制度可以加快决策速度。一个有趣的例子是，网飞公司（Netflix）是通过依靠简要制度，并相信自己的员工的个人能力和判断来限制官僚程序的。

> 许多公司依靠厚重的制度手册来控制那些可能滥用权力的人。但这些害群之马只是所有员工中的一小部分……网飞公司认为他们97%的员工都是值得信赖的。该公司几乎所有的时间制度、检查监管等详细的人事政策都是针对剩下的3%的人的。网飞公司的高管们没有一直持续地炮制详细的规章制度，而是专注于不雇用会造成问题的人，并在发现雇用到了错误的人时迅速解雇他们。这一改变可使公司能够用简要的制度去取代厚厚的手册。[例如，关于支出、差旅、礼品及在工作中处理个人事务的政策被简化为四条制度：（1）支出是你本来不会花的钱；（2）把差旅支出当作你自己的钱；（3）披露来自供应商的重要礼物；（4）在工作中做个人私事是效率低下的[①]]

有意义工作中的内在激励机制

正如第7章所指出的，具有创造性和创业精神的个人会受到内在激励，例如，最强大的激励因素是在有意义的工作中取

---

① Sull and Eisenhardt (2015), p. 227.

得进步并创造创新。[①] 熊彼特在几十年前就指出了这一现象，当时他写道，创业者的动机是“创造的乐趣、完成事情的乐趣，或者仅仅运用自己的能量和智慧的乐趣”，并且“寻找困难，为了改变而改变，享受冒险的乐趣”。[②]

六家案例公司通过被视为催化剂的管理行为，遵循第 7 章描述的“进步原则”，设定明确的目标，提高自主性，并为其提供足够的资源和时间；同时他们还利用了人际支持行为（养料），例如尊重和认可、鼓励、情感安慰，以及联系的机会。催化剂和养料可以改变工作的意义，并向人们发出他们的工作和他们自己对组织是重要的信号，从而简化了进步原则的运作。[③] 虽然在我们的硅谷六家案例公司中，工作本身通常具有挑战性和激励作用，但 20% 的时间和 70–20–10 制度提供了额外的机制，让人们专注于有意义的工作，并在工作中取得进展。

当我在斯坦福大学时，真正让我印象深刻的是，当你是一个研究生时，你可以做任何你想做的事情。那些非常好的项目吸引了很多人想要参与其中。我们把这种学习带入谷歌，并且它非常有帮助。如果你在改变世界，在做重要的事情，你早上起床的时候就会很兴奋。这是极为重要的。你希望从事有意

① Amabile and Kramer (2011).

② Schumpeter (1934), pp. 93–94.

③ Amabile and Kramer (2011).

义、有影响力的项目，而这正是世界上真正所缺乏的东西。

——拉里·佩奇，谷歌

在我们研究的六家案例公司中，几位受访者谈到了被高层领导者认可的重要性。然而，他们中的一些人也强调了提出新想法的机会和得到同行的赞许认可的重要性。在硅谷的工程师文化中，如果同行介入并为一个人的想法的持续发展贡献自己的时间和努力，他就会赢得尊重。

快速学习进程

对速度和创新的要求也产生了对快速学习进程的需求。这是所有被研究的案例公司的一个共同特点。而这也是他们能够推动组织持续创新的方式。通过其“鱼粮”和“狗粮”计划，谷歌在对外测试新产品之前会对内部用户进行一系列的测试。[①]

遵循埃里克·莱斯（Eric Reis）的“验证学习”和“最小可行产品”的理念，[②]其基本思想是将早期阶段的产品或服务提供给客户，以获得反馈，以便进一步进行开发学习。

创造出一个产品，发布使用，看其效果，设计及实施改进，更迭出新，然后再次发布并迭代。在这个过程中速度最快的

① Steiber (2014), p. 73.

② Ries (2011).

公司将获得胜利。[1]

莱斯（Ries）（2011年）在硅谷创办新公司时，从错误中吸取教训并从中发现了行之有效的方法。他也曾向连续创业者史蒂夫·布兰克学习，并从丰田和精益生产制造运动中获得灵感，其成果就是他的书《精益创业》。该书提出了五项原则：①创业者无处不在；②创业就是管理；③有效学习；④开发—评测—学习；⑤创新核算。其中前两项原则论证了创业精神的重要性，第三条和第四条原则与成功的初创企业所应用的快速学习进程有关，第五条原则表明，需要衡量进展，设定阶段性目标，并确定工作的优先次序。在提到快速学习原则时，莱斯说道：

“验证学习”和“最小可行产品”的逻辑是，我们应该尽快将产品送到用户手中，而除了向用户学习，我们所做的额外工作就是浪费。另外，开发—测评—学习反馈循环是一个持续的过程。我们不会在一个最小可行产品之后就停下来，而是利用我们所掌握的知识立即投入下一版本的迭代中。[2]

莱斯提出的观点是，现有的其他大型企业也需要接受这些原则，以便快速学习，迅速创新。这与布朗和艾森哈特

① Schmidt and Rosenberg (2014), p. 234.

② Ries (2011), p. 228.

（1997，1998）的发现相一致，即成功的多产品创新是基于对未来的持续试验。他们的核心概念之一——在“时间边缘”工作，表明改变需要同时思考多个时间范围：过去、现在和未来。管理问题的关键是如何管理所有的时间框架而不被任何一个框架所困。“时间边缘”的方法包括两个模块构建：第一是重建，它考察管理者如何利用过去来获得优势；第二是试验，它展示管理者如何用各种低成本的探索进行试验，以洞悉行业并获得战略灵活性。在这里，选择和学习是核心部分，持续但细化的管理被看作优点。

关于用户行为的大数据

数据挖掘是获取用户信息的一种好方式，我们所有的案例公司都是或未来能够成为互联网上的数据库巨头。它们可以在极短的时间内分析用户数据，这些数据能为现实实验中测试的概念提供极好的决策信息。在谷歌，这种用户数据可以在 24～48 小时内得到。[①]

在一个新产品和服务层出不穷的世界里，并不是每一个产品和一种服务都能获得市场的认可。因此，有必要下架那些不太成功的产品，但也可以通过用户数据对产品进行相应优化。正如埃里克·施密特和乔纳森·罗森伯格在他们关于谷歌的书中所指出的：

---

① Steiber and Alänge (2013a).

发布和迭代并不总是有效的。产品上市后，一些产品会变得越来越好，并形成趋势，而另一些则会萎缩。问题在于，当一个产品进入市场时，已经有大量的资源和情感被投入其中，而这可能会阻碍公司做出明智的决策。忘记沉没成本是一个很难被注意到的教训，所以在一个发布—迭代模型中，无论之前的投资状态如何，领导者的工作必须是持续支持赢家，而淘汰输家……而要决定哪些产品是赢家，哪些是输家，则需要使用数据。情况一直如此，但不同之处在于企业获得数据的速度及数量。①

接下来，将讨论公司可拥有的第二种选择，即通过创建独立的部门进行创新。

通过独立单位进行创新

处理双元性的经典方法是创建一个从核心领域的持续运营需求中分离出来的创新部门。在某种程度上，这也在我们的六家案例公司中得到了实践——特别体现在收购那些创新型初创公司中。

① Schmidt and Rosenberg (2014), p. 235.

收购

如果被收购的产品或技术贴近收购公司的核心业务，那么它就可以被完全集成整合。如果它是收购公司核心业务之外的新事务，则需要自己的发展空间，那么可以在收购公司的内部保留一个单独的部门。正如我们在最近的一篇文章中所写：

> 谷歌所推出的相当数量的新产品都来自谷歌收购的小公司，比如安卓（Android）和YouTube……收购一家公司的原因可能是为了创新本身，或者是谷歌想进一步开发创意或产品的潜力，并将其与现有谷歌产品相联系。收购也可以基于这样一个事实，即该公司背后的创业者或工程师已经证明了它们具有谷歌所需要的独特能力，因此，公司的成立可以被视为识别和获取能力的另一个过程。最后，谷歌通过谷歌风投直接对小公司进行投资，并积极参与其内部创意的衍生过程。[①]

切萨布鲁夫（Chesbrough）（2002）评论说，这种类型的投资对大公司来说是困难的。

> 大公司早就意识到投资于外部初创企业的潜在价值。但是，通常情况下，它们往往无法做到这一点。[②]

---

① Steiber and Alänge (2013b), p. 589.

② Chesbrough (2002), p. 90.

然而，对较小的公司进行收购是创新的重要来源，无论收购公司是为了开发新的业务领域，还是与现有业务挂钩，或者仅仅是因为其有能力去进行收购。[①] 尽管早期创业公司潜力很大，但收购行为并不总是容易获利的，于是一些大公司只考虑收购有成熟市场的小公司——这与风险投资远离早期投资的趋势非常相似。

企业风险投资部门

在我们的六家案例公司中,有些公司设有风险投资部门，投资于对公司未来可能很重要的或能提供良好投资回报的初创企业。例如，谷歌风投网站显示，该部门已经投资了 300 多家公司，其战略是投资各个领域中有潜力、有雄心的公司，其中特别关注机器学习与生命科学。

为了管理创新，大公司长期以来也发展了各种跨职能跨边界的部门。[②] 这些部门既是过滤器，又是促进者。[③] 比如，企业的风险投资部门，被视为潜在的子公司或者公司分支，如果投资成功，可以重新被纳入大公司的业务实体当中。然而，希尔（Hill）和伯金肖（Birkinshaw）（2014）评论道：

① Steiber and Alänge (2013b).

② Thompson (1967).

③ Aldrich and Herker (1977).

企业风险投资部门……有很高的失败率……企业风险投资部门通过发展其双元性能力，为母公司建立新的能力，同时利用其现有的优势……培养一个支持性的关系环境……其中有三方不同的参与者——母公司的高管、业务部门经理及……风险资本领域。

尽管一些企业可能会与其他伙伴（如年轻的创业公司、大学科学家、供应商或消费者）合作……但这三方参与者代表了资源拥有者的主要网络……[①]

希尔和伯金肖提出的论点是，作为大公司的跨边界部门，企业风险投资部门本身必须是双元灵活的。

这种跨边界部门……通常表面上被授予探索性的特权，并建立与各种外部资源的联系。而且，他们必须将自己的业务与技术核心部门相结合……这就要求跨边界部门本身具有一定程度的双元灵活性。

……在培养双元性方面……高级管理人员必须学会克服认知上的矛盾，并建立适当的协调机制，将适当的探索与开发结合起来……此外，他们还需要关注资源的获取、整合与转化的过程，以产生双元性的结果。[②]

---

① Hill and Birkinshaw (2014), p. 1905.

② Hill and Birkinshaw (2014), p. 1921.

最近的一个跨边界部门的例子是通用电气旗下的第一建构（First Build），其旨在建立双元性灵活能力。它是一个独立的像初创公司似的创新单位，可以进入社群进行众包，也可以到新兴市场进行小规模的新产品测试。此外，它还可以从“母公司”通用电气那里获得资源（这里将第一建构定位为一家初创公司）。它可以获得通用电气常规业务单元内的大公司资源，以进行规模扩张及自身发展。[①]

大公司—小公司合资

小型高科技公司的优势在于其拥有迅速开发新想法并在用户中进行测试的能力，而其劣势则在于它在大规模市场中迅速扩大业务规模的能力有限。大公司通常表现出相反的优势和劣势。这使得一些作者提出了创造性的初创企业和成熟的大公司之间的不同合作方式。[②] 罗斯韦尔（Rothwell）和道奇森（Dodgson）（1991）评论道：

> 大公司和小公司不仅在技术创新中各自发挥重要作用，而且往往相互影响，相互补充。[③]

---

① Alänge and Steiber (2015).

② Mansfield (1968), Pavitt (1984).

③ Rothwell and Dodgson (1991), p. 125.

早在 1982 年，罗斯韦尔和泽福德[①]就观察到：

最流行的的风险管理形式……是小公司和大公司联合组建的合资企业。在合资企业中，小公司通常提供活力、动力、承诺及技术（即提供创业功能），而大公司则提供获取资本的途径和一个全面的包含分销商、销售及售后服务的综合服务网络。

然而，罗斯韦尔和泽福德也指出：

由于大公司和小公司的行为特征非常不同，这种关系可能充满问题。

特斯拉雄心勃勃，致力于开发将交通运输行业推向可持续发展的解决方案。[②]作为一个相对较小的初创企业，其与汽车行业龙头——奔驰和丰田及电池技术领域的大公司松下进行合作。这些大公司也对特斯拉进行了投资，奔驰和丰田都在利用特斯拉所开发的新电动汽车技术。其与松下的合作甚至更具实质性——投资了一个新的电池厂，这使合作伙伴能够通过其新的超级工厂（Gigafactory）进行大批量的生产，从而大幅降低单位制造成本。

---

① Rothwell and Zegveld (1982), p. 111.

② Lee and Jay (2015).

内部创业与外部孵化

有些公司已经制定了设法将大公司的市场实力与小公司的灵活及创新力相结合的战略，但这样的公司并不多。思科（Cisco Systems）就是一个好的示例：

> 很显然，同时进行内部创业衍生及孵化的决策帮助思科在颠覆性创新方面确立了领导地位……但什么是最好的方法呢？答案取决于你的组织想要去实现什么。思科……从每种方法中都获得了收益。但它会根据具体情况在二者之间做出选择——当一个新的想法与现有产品或市场战略有显著的协同性时，思科会在内部孵化这个想法；当想追求一些非常不同或不熟悉的领域时，它通常将目光投向外部。[①]

谷歌是我们最大的案例公司，2011 年，它开发了一个名为“谷歌创业者”的可扩展孵化平台。通过网络，一个小型的全球团队合作伙伴，包括伦敦、马德里、特拉维夫、圣保罗和首尔等在内的园区，一起为来自 125 个国家和地区的创业者提供支持。其目的是通过“与创业社群和建设园区建立伙伴关系以支持新公司的发展。在那里，创业者可以相互学习、相互联结并创建即将改变世界的公司”。同时，在那里，谷歌将有机会去推广其平台与产品，如谷歌应用程序、谷歌云平台及谷歌开发者工具等。

① Sidhu (2010), pp. 31–32.

现在让我们转向第三种也是最后一种方法，通过各种开放式创新的方法来创建一个双元性的组织。

开放式创新方法

虽然我们在硅谷的案例公司是以技术为基础的初创企业逐渐发展成长为大型企业的，并以组织持续创新所著称，但其内部资源显然是不够的。因此，我们在受访者中发现他们对开放式创新有一种普遍的认识，在所有被研究的案例公司中，这种认识的表达方式都非常相似。他们所有人都基本说了相同的话："公司外部的聪明人要比内部的多得多。"这些公司所在的行业对创新的速度和强度有极高的要求，来自外部的投入被视为是非常必要的。

除收购及企业风险投资外，还有其他获得外部创新投入的方式，这种方式并不需要太多的初始投资。传统的方法是从大学和其他公司雇用有能力的人，这对被研究的公司来说仍然是极其重要的。此外也有许多其他的可能性，包括研究合作或联合资助、供应商创新、开放平台及众包等。对外部开放平台的使用也为专注于培养生态系统的企业战略奠定了基础，在这种情况下，企业只能有限度地控制外部资源。因此，创新活动的主要部分是以各种形式与外部参与者——如大学、供应商、开发者伙伴、客户和用户，互动产生。

大学联动

硅谷的公司可以接触到附近的斯坦福大学和加州大学伯克利分校，但研究合作并不局限于这些附近的合作伙伴，虽然这两所大学是硅谷公司招聘毕业生的重要来源。合作和招聘可以延伸到世界其他地区的领先研究型大学。福布斯 2011 年的一篇文章引用了谷歌时任首席执行官埃里克·施密特的话：

> “如果人们在一家公司工作的时间太长，他们就会被灌输一种相对可预测的发展历程。”他说，“如果公司以六西格玛（例如零缺陷制造）过程为文化的话，就很难做到真正的创新。毕竟，风险管理围绕着整个流程进行，并保持不变。这就是谷歌雇用了这么多研究生和教授的原因之一——撇开日常工作，他们已经习惯了动荡世界中不断变化运转的新事物。”

除了面向大学招聘，这些案例公司还开发了各种侧重于研究及创新的合作项目。谷歌既有相对传统的开放式研究基金，可供任何人申请，也有一个相对创新的项目，即在内部确定相关有发展前途的研究或创新领域，并邀请该领域有成就的研究人员共同参与联合项目。[①]

---

① Steiber and Alänge (2013b).

供应商为创新者

与工业供应商的密切互动并不是什么新鲜事，但即使在这里，快速的发展周期也对传统关系提出了新的要求。特斯拉已经承担了奔驰和丰田等公司的技术供应商角色，以帮助自身振兴行业，实现交通运输可持续发展的愿景。如前所述，特斯拉也将自己的专利提供给其他人使用。这会推动电动汽车和其他应用电池技术的共享技术平台发展。案例公司的供应商也可以是创新过程中的一部分，例如松下为特斯拉提供电池技术这一案例（虽然这种合作也会产生如上文所提到的合资生产企业“超级工厂”）。

用户和社群众包

案例公司正在测试各种直接从用户和其他外部参与者那里收集数据或创意的方法。脸书定期安排短期的编程马拉松活动，以迅速解决既定的问题。第一个原型要在 24 小时内完成，并得到进一步开发的许可。其他公司也组织了编程马拉松及其他类型的竞赛，以激发创意和解决问题。在这些情况下，公司有必要制订透明的知识产权所有权规则。

越来越多的公司正在寻找与外部创意提供者及外部用户联系的方法，这些人可以在评估产品或服务概念等方面做出贡献。布德罗（Boudreau）和拉克哈尼（Lakhani）（2013）从多个角度研究了众包的概念。

众包通常采取4种不同形式中的一种——竞赛、社群协作、补充完善或劳务市场，每种形式都有最适合的挑战类型。①

竞赛是一种通过大规模和多样化的独立实验来寻找复杂或创新问题解决方案的经典方式。这个问题必须是一般性的。根据布德罗和拉克哈尼的说法，这种形式最适用于解决“极具挑战性的技术、分析性的及科学性的问题，设计的问题，创意或美学相关的项目”。

通过社群协作，许多贡献聚集成一个创造价值的整体。而这样做的挑战在于，人们缺乏共同的文化和凝聚力，而难以进行实际的控制，也使得知识产权难以得到保护。因此，布德罗和拉克哈尼建议，这种形式最适合解决“客户支持社区、多人协作编写系统（wikis）、公司内具有互补资产的信息和软件产品开放合作项目及常见问题”。

采用补充完善的形式可以鼓励用户针对公司的核心产品上的问题提出创新的解决方案。在保护公司资产的同时，如何提供对核心产品的功能和信息的访问对公司而言是一个挑战。根据布德罗和拉克哈尼的说法，该方式最适合解决“开放运营、产品或营销的数据，内容混搭（mashup），应用程序”等方面的问题。

最后，采用劳务市场这一形式的目的是有效和灵活地将人才与离散的任务相匹配。面临的挑战是确定哪些问题需要

① Boudreau and Lakhani (2013), p. 63.

外包，以及如何管理这些问题。它最适合解决既定的工作类别、人工计算，以及重复任务等方面的问题。

我们所研究的硅谷公司使用了各种形式去获得创意想法。尽管并不总使用传统的方式，但它们都有很强大的内部流程。他们的方法不仅基于研发组织所能完成的工作，也基于有创造力的个人所能完成的工作，无论其在公司所担任的职务是什么（参见前文关于内部流程的部分）。然而，几个来自不同案例公司的受访者都提出了相同的看法，即“虽然我们知道自己的内部实力，但我们也意识到，在我们的组织之外还有更多的能力，我们需要利用这些能力以保持在创新前沿的优势”。因此，公司利用不同形式的众包来获得更有突破性的创意想法，同时利用众包来选择这些创意想法。但是创意的选择往往是基于用户行为的大数据，而不是基于具体询问该创意对客户或用户的价值。

外部开发平台

外部开发平台是一种企业不直接管理创造性投入而促进创新的方式。根据加威尔（Gawer）和库斯玛诺（Cusumano）（2014）的定义，我们将外部（行业）开发平台定义为：“产品、服务或技术作为基础支持，外部创新者可以组织成一个创新的商业生态系统，在此基础上开发自己的互补产品、技术或服务。”苹果公司的 iPhone 应用平台（App Store）是一个由苹果公司相对严格控制的平台，而谷歌的安卓平台代表了另一种更开放的平台。社交网站，如我们的案例公司脸书、领英和推特，也是外部开发平台。一些公司甚至为那些想在他们的平台上工作的开发者建立了设施完善的办公空间，同时可以让他们直接接触到平台所有者的相应资源（如 AT&T Foundry），而另一些公司则是通过与选定城市的物理空间相结合，创立可以从世界各地访问的虚拟会议场所（例如谷歌和微软）。

谷歌的产品（如平台、API）在产业体系中创造了联动装置，例如，它们被行业参与者视为谷歌的客户、供应商或开发者合作伙伴。谷歌也同样参与了各种开源项目，并以各种方式为互联网的发展做出贡献。[①]

这些类型的外部开发平台依赖网络效应，[②]这意味着随着平台用户的增多，对其他公司加入并在平台上开发其产品的吸引力就会增大，而可用的应用程序越多，对用户就越有吸引力——反之亦然。因此，扩大规模（全球快速增长）成为所有案例公司的主要关注点，包括拥有电池充电基础设施的特斯拉。

培育生态系统

外部开发平台的扩大也对依靠外部技术和创新的大公司

---

① Steiber and Alänge (2013b), p. 589.

② Gawer and Cusumano (2014).

提出了新的要求，即要求其发展管理及利用公司不能完全控制的资源的能力。这反过来又使人们认识到需要培养可以提供创新能力的巨大的生态系统，[①]但基于整个蛋糕将不断增大的假设，这也意味着要与他人分享财富。

> 信息成本的降低使各组织能够经常通过平台、生态系统结合用户创新，让开发者、专业人士和用户社群参与到核心创新活动中来。[②]

例如，2015年4月，Apigee宣布其合作伙伴生态系统正在扩张。首席执行官切特·卡普尔（Chet Kapoor）解释了发展生态系统的重要性：

> 我们的使命是让每个企业都成为数字化企业，而我们不断壮大的合作伙伴生态系统正在帮助我们。各行业的企业都在寻找以API为中心的现代化平台，以推动新的数字渠道并提供新的客户体验。我们期待着继续与SAP等合作伙伴，以及公认的系统集成商合作，以加速扩大我们的全球影响力。

相应地，脸书、谷歌、领英和推特都是平台型公司，它们可以同时拥有多个平台，如谷歌的安卓、YouTube和关键

---

① Steiber and Alänge (2013b).

② Altman et al.(2015), p. 353.

词广告。谈到平台，至少从 19 世纪末电信业兴起以来，人们就明白了网络效应的重要性。而如今，这已被表述为“规模化”，意味着它在全球范围内快速增长。

> 生态系统非常重要。互联网世纪最成功的领导者将是那些懂得如何创建和快速发展平台的人。从根本上说，平台是一套产品和服务，它将用户群体和供应商聚集在一起，形成多面的市场。①

总结评论

所有的硅谷案例公司都可以说是具有动态能力的，这不仅得益于创业者及创新文化（正如在第 5 章和第 6 章中所讨论过的那样），还得益于本章中所讨论的组织要素：内部兼容并蓄的学习型组织、独立的创新单位、开放式创新及外部开发平台。一个重要的因素是，高层领导者本身具有双元性能力，能够在不忽视当下运营的重要性的情况下稳定地关注创新和未来。高层领导要使小型团队和创业者个人能够在日益开放的创新环境中脱颖而出，并创造所需的结构及价值。

一个基本思想是利用许多人的创造力为组织服务，且工作本身必须是有意义的，能提供内在的动力。指导方向是由愿

① Schmidt and Rosenberg (2014), pp. 78–79.

景、使命、价值观和信念的结合提供的，基于经验，这些已经转化为简单的规则。当然，另一个重要的因素是具有支持性的领导者，他们既知道如何通过有洞察力的问题来刺激个人，也知道如何帮助个人制订需定期回顾的个人目标（正如第 7 章中所讨论的）。绝对必要的是对持续学习的关注，新的想法可以在现实世界中迅速得到测试，与用户和客户一起，根据有关实际用户或客户行为的可靠数据提供反馈。

有时，创新最好是在一个独立的单位进行，而不是在常规的运行中。硅谷的公司擅长让每个人都参与到现有业务中来发展新的想法，并擅长利用各种形式的独立单位进行创新，如作为独立实体的收购，与合作伙伴建立新的企业，以及孵化有前途的创意项目。

所有的案例公司都认为有必要在一个开放的环境中工作。这一点被统一表述为“即使我们的组织内部有优秀的人才，但外面的优秀人才更多”。因此，所有公司都在努力建立网络，将想法众包，并与外部合作伙伴合作。在这个意义上，开放式创新是一种自然且集成的方式，所有案例公司通过用户的投入，与外部合作伙伴（包括初创公司、供应商、大学或研究机构）一起进行创新。公司与生态系统中的其他参与者一起发展，有时是基于共同的技术平台，这一认识有助于促使我们的案例公司不仅将自己视为生态系统的参与者，而且成为生态系统的积极协调者和开发者。

参考文献

Alänge, S. (1987). Acquisition of capabilities through international technology transfer. Ph.D dissertation, Chalmers University of Technology, Gothenburg.

Alänge, S., & Steiber, A. (2015). The best of both worlds: Combining the strengths of small start- ups with a large corporation's advantages. Draft.

Aldrich, H., & Herker, D. (1977). Boundary spanning roles and organization structure. Academy of Management Review, 2(2), 217–230.

Altman, J. E., Nagle, F., & Tushman, M. L. (2015). *Innovating without information constraints: Organizations, communities, and innovation when information costs approach zero.* In C. E. Shalley, M. A. Hitt, & J. Zhou (Eds.), The oxford handbook of creativity, innovation, and entrepreneurship (pp. 353–378). New York: Oxford University Press.

Amabile, T., & Kramer, S. J. (2011). The power of small wins. *Harvard Business Review*, 89(5), 70–80.

Benner, M. J., & Tushman, M. L. (2015). Reflections on the 2013 decade award: 'Exploitation, exploration, and process management: The productivity dilemma Revisited' ten years later. *Academy of Management Review,* amr-2015, 1–36.

Boudreau, K. J., & Lakhani, K. R. (2013). Using the crowd as an innovation partner, *Harvard Business Review*, 91(4), 60–69.

Brown, S. L., & Eisenhardt, K. M. (1997). The art of continuous change: Linking complexity theory and time-paced evolution in relentlessly shifting organizations. *Administrative Science Quarterly*, 42(1), 1–34.

Brown, S. L., & Eisenhardt, K. M. (1998). *Competing on the edge: Strategy as Structured Chaos*. Boston: Harvard Business School Press.

Chesbrough, H. (2002). Making sense of corporate venture capital. *Harvard Business Review*, 80(3), 90–99.

Garud, R., Gehman, J., & Kumaraswamy, A. (2011). Complexity arrangements for sustained innovation: Lessons from 3M corporation. *Organization Studies*, 32(6), 737–767.

Gawer, A., & Cusumano, M. A. (2014). Industry platforms and ecosystem innovation. *The Journal of Product Innovation Management*, 31(3), 417–433.

Hill, S. A., & Birkinshaw, J. (2014). Ambidexterity and survival in corporate venture units. *Journal of Management*, 40(7), 1899–1931.

Lee, M., & Jay, J. (2015). Strategic responses to hybrid social ventures. *California Management Review*, 57(3), 126–147.

Leonard-Barton, D. (1992). Core capabilities and core rigidities: A paradox in managing new product development. *Strategic Management Journal*, 13, 111–125.

Mansfield, E. (1968). *The economics of technological change*. New York: W.W. Norton & Co.

March, J. G. (1991). Exploration and exploitation in organizational learning. *Organization Science*, 2, 71–87.

Pavitt, K. (1984). Sectoral patterns of technical change: Towards a taxonomy and a theory. *Research Policy*, 13, 343–373.

Ries, E. (2011). *The lean startup: How constant innovation creates radically successful businesses*. London: Portfolio Penguin.

Rothwell, R., & Dodgson, M. (1991). External linkages and innovation in small and medium-sized enterprises. *R&D Management*, 21(2), 125–138.

Rothwell, R., & Zegveld, W. (1982). *Innovation and the small and medium sized firm*. London: Frances Pinter.

Schmidt, E., & Rosenberg, J. (2014). *How Google works*. New York: Grand Central Publishing.

Schumpeter, J. A. (1912). *Theorie der wirtschaftlichen Entwicklung*. Leipzig: Duncker & Humblot.

Schumpeter, J. A. (1934). *The theory of economic development: An inquiry into profits, capital, credit, interest, and the business cycle*. Cambridge, MA: Harvard University Press.

[Schumpeter, J. A. (1942). *Capitalism, socialism and democracy*. London: George Allen & Unwin (1976 edition).

Sidhu, I. (2010). *Doing both: How Cisco captures today's profit and drives tomorrow's growth*. Upper Saddle River: FT Press.

Steiber, A. (2014). *The Google model: Managing continuous innovation in a rapidly changing world*. Cham: Springer.

Steiber, A., & Alänge, S. (2013a). A corporate system for continuous innovation: The case of Google Inc. *European Journal of Innovation Management*, 16(2), 243–264.

Steiber, A., & Alänge, S. (2013b). The formation and growth of Google Inc.: A firm-level Triple Helix perspective. *Social Science Information*, 52(4), 575–604.

Sull, D., & Eisenhardt, K. M. (2015). *Simple rules: How to thrive in a complex world*. London: John Murray.

Teece, D. (2014). The foundations of enterprise performance: Dynamic and ordinary capabilities in an (economic) theory of firms. *The Academy of Management*

Perspectives, 28(4), 328–352.

Teece, D., & Pisano, G. (1994). The dynamic capabilities of firms: An introduction. *Industrial and Corporate Change*, 3(3), 537–556.

Teece, D., Pisano, G., & Shuen, A. (1997). Dynamic capabilities and strategic management. *Strategic Management Journal*, 18(7), 509–533.

Thompson, J. D. (1967). *Organizations in action: Social science bases of administrative theory*. New York: McGraw-Hill.

Tushman, M. L., & O'Reilly, C. A., III. (1997). *Winning through innovation: A practical guide to leading organizational change and renewal*. Boston: Harvard Business School Press.

第 9 章

硅谷模式

本章的目的是描述一种动态的、灵活的、开放的、持续创新的新管理模式。这种新型的管理模式是专门为适应快速变化的世界而开发的。

回顾一下前面所提及的内容，这种“新”模式是近年来逐渐出现的。我们观察并分析了它在硅谷的六家案例公司中的应用情况——尽管它的一些元素也被用于世界其他地方的领先公司。

这个模式并不简单，它包含许多要素。尽管在执行和细节上存在差异，但在我们的案例公司中可以找到共同的基本概念、理念及实践。前面的章节已经确定了这些要素的不同组合，我们将在本章中通过回顾这些要素来进行综述。

首先，我们将简要介绍一些关于组织设计的有趣研究。然后，我们将总结我们在前几章中所学的内容，最终提出一个概念性的硅谷模型。

新类型组织的演变

为了弄清案例公司与“传统企业”相比，是否代表了一种新的大型企业类型，我们首先参考了亨利·明茨伯格（Henry Mintzberg）——国际知名战略、商业和管理方面的学者和作家的一些发现。

1980年，明茨伯格在备受瞩目的《管理科学》杂志上发表了对以往关于组织设计的研究综述。他描述了五种非常不同的组织模式：简单结构、机械官僚主义、专业官僚主义、部门形式及灵活组织。他发现，一个组织的正常增长模式是从简单结构向更具官僚主义特征的结构转变。[①]

简单结构是小型组织的典型特征。通常有一个小的结构，主要通过高层管理人员的直接监督来完成任务协调。随着公司的发展，它也会发生变化，变得更加复杂。工作将变得更加专业化，在某些情况下也更加正规化，正如处于大型制造企业中。在这些大型制造企业中，任务的协调通常是通过提高工作流程（如生产），技术（如咨询公司或更注重服务的公司）或产出（如公司不同部门由标准化产量所控制，例如销售数据）的标准化来完成的。工作、技能或产出的标准化程度提高，也使得公司可以使用更大的内部单位。

这些组织模式处理决策权的方式不同。在专业化和正规化的大公司里，权力往往被掌握在高层和中层管理者手中。

---

① Mintzberg (1980).

在像咨询公司这样工作不那么正式的组织中，权力往往在更大程度上被掌握在专业人员的手中，而对于以部门形式为主要结构的组织，权力往往在部门负责人手中。

然而，这些大型组织有一个共同的因素——它们都在相当稳定的环境中运行。此外，组织越是通过工作流程的标准化进行协调，并将权力保持在最高层，环境就越不复杂。因此，如果你的公司或组织是在一个稳定和不复杂的环境中运作，那么这种组织设计和逻辑是适合你的。然而，大多数组织不再生活在这样的环境中，这就是新型逻辑和设计的需求出现的原因。

新模式的根基在于“灵活组织机构”

根据明茨伯格的说法，第二次世界大战后，研究人员就已经发现了一种新的组织形式。这种新形式被不同规模的新兴组织所使用。它更多地被用于动态和复杂的环境中，并且通常与高度复杂和自动化的技术系统相关联。这种新的组织形式被称为“灵活组织机构”（Adhocracy）。这个概念是由沃伦·贝尼斯（Warren Bennis）在他 1968 年出版的《临时社会》[①] 中所提出的，1970 年，阿尔文·托夫勒（Alvin Toffler）在《未来的冲击》一书中对这一概念进行了推广。此后，随着明茨伯格等学者的进一步研究发展，这一概念经常被用于管理理论中。在明

① Bennis and Slater (1968), pp. 53–77.

茨伯格看来，灵活组织机构不同于官僚主义模式，是一种复杂而动态的组织形式。[①] 与托夫勒一样，明茨伯格认为官僚主义已成过去，而灵活组织机构是未来的趋势。[②] 如果做得好，灵活组织机构可以很好地解决问题和实现创新，并在多样化的环境中蓬勃发展。然而，它的发展和繁荣似乎需要上述复杂的技术系统。[③]

灵活组织机构的形式让人很容易想起我们在第 3 章中提到的新型实验性组织形式，这是研究人员霍马·巴拉米（Homa Bahrami）在 20 世纪 90 年代初在硅谷观察到的。她还强调了信息技术在这种新形式发展中的重要性。

那么，灵活组织机构的特点是什么？明茨伯格将其描述为：

- 高度灵活和有机的结构；
- 行为定型化程度低，工作的专业化程度不一定基于正规培训；
- 员工按职能单位分组，但被部署在小型、以市场为基础的单位；
- 在小团队内部及团队之间依靠联络手段促进相互调整的合作；
- 选择性地将权力下放和转移到专门的团队（即将权力下放给相应团队或组织中，以便进行决策）；

---

① Mintzberg (1989).

②③ Travica (1999).

- 通信成本高（这就是为什么信息技术是必要的）；
- 强调非官僚主义工作的文化。

从以上几点可以看出，尽管灵活组织机构这一概念已经得到了进一步的发展，但我们在硅谷观察到的管理方法似乎与其描述非常吻合。因此，我们所谓硅谷模式可以被视为一个长期进化的结果——一个“组织轨迹”，它始于“二战”后的某个时期，今天以其最新的进化形式在谷歌、脸书及我们的其他案例公司中体现。在这一背景下，我们有必要认识到明茨伯格和托夫勒的理念，即官僚主义模式属于过去，而灵活组织模式属于未来，也就是说，它会继续存在并延续，而不是某个行业或地区的特定现象。

总而言之，硅谷模式可以看作是建立在早期研究中被称为灵活组织模式的基础上的。由于这种模式似乎需要复杂的技术及自动化，因此它可能反映了一种与信息技术及后来的互联网和社会媒体技术的发展并行并从中受益的发展轨迹。我们认为，硅谷模式可被视为一个经过验证的、可扩展的灵活组织模式版本。这意味着该模式不仅适用于年轻的小公司，也适用于像谷歌这样拥有超过 5 万名员工、业务遍及全球的大公司。

因此，假设我们的案例公司建立在经过 60 年发展的组织模式之上，那么当今的组织模式比明茨伯格在 1980 年描述的灵活组织模式明显要先进得多。[①] 那应该如何概念化和描述这个模式呢？一种方法是，总结我们迄今为止对所有案例公司的实际了解，然后将这些发现“打包”成一个组合，以代表硅谷模式。

硅谷模式：“庞大的创业公司”

在快速变化的VUCA时代环境中，几乎所有行业中最好的公司都是创业型的。他们擅长创造、识别和抓住商业机会，甚至对此十分偏执。[②] 他们积极主动不断地推出新的产品，或发展和改进现有的产品；他们总是寻求进入新的市场，或提高他们在现有市场的地位。这些创业型公司也可以迅速改变或调整其业务或收入模式。无论做出任何形式的改变，他们往往走在潮流的最前端，而不是对竞争对手的行动做出反应。通常情况下，如果他们认为自己可以做得更好，就会改变已生效运行的东西。因为他们愿意承担超前瞻的风险，而不是依赖既定的运行路径或面对风险停滞不前，他们的抱负是为了避免被改变打得措手不及，或被迫采取紧急措施去拯救公司。

借用彼得·德鲁克（Peter Drucker）对创业者的定义来说，

---

① Mintzberg (1980).

② 这句话来自英特尔前首席执行官安迪·格鲁夫（Andy Grove）的代表作——《只有偏执狂才能生存》。他的这句格言强调了领导者的责任，即要不断观察技术变化和竞争对手的行动——特别是在战略转折点上，这可能预示着新的机会，如果不加注意，则可能是末日的开始。

这些公司“总是寻找变化，回应变化，并将其作为机遇加以利用”。在许多方面，他们保留并表达了其创始人的活力品质。他们尽管已经得到了更大的发展，但仍然像在初创阶段一样具有创新精神。因此，我们称他们为“庞大的创业公司”。

现在让我们回顾一下是什么让他们能够有这样的表现。正如我们在书中所描述的那样，以下是新管理模式的关键要素，也是硅谷模式的主要内容。

第一，案例公司有雄心勃勃、引人注目的愿景及具有社会意义的使命。这些愿景和使命吸引了那些希望对世界产生影响的人，挑战他们从大处思考的思维方式，使他们不拘一格。

第二，高层领导是强大的、有远见的、有创业者精神的。高层领导具有“创始人的心态”，可以在组织内打造一种创业文化。他们以创新和增长为导向，同时对行业、商业模式、运营和关键技术有深入的了解。这使他们能够提出正确的问题，并亲自参与招聘具有更高标准的新员工。速度、创新和适应性等目标在高管议程中占据重要的位置。

第三，相信合适的人才——那些具有创业精神、不断质疑现状、充满激情、适应性强及善于协作的人是必不可少的。我们所有的案例公司都专注于招聘、留住、充分投资和使用这类人才。双方——公司和员工都希望在这种关系中投入更多，即使这可能是短期的。所有的案例公司信任他们的员工，因此营造了一个透明和开放的环境。在职培训优于课堂培训，员工从一开始就被赋予了自由和有挑战性的任务。他们被期望不断创新并为公司做出贡献。由于运营效率和创业精神都很重要，因此“硅谷模式”中的人必须是多维的，具有清晰的创业思维和经验的核心竞争力。这种核心竞争力使组织在经营现有业务的同时更有创新能力。这也使公司可根据技术和市场空间的变化而更具活力及双元性。

第四，文化是强大的，它被用作一种治理机制，去“软”控制及协调工作以避免产生不必要的官僚主义。它既能指引公司前进的方向，又能给予员工很大的灵活性。我们的六家案例公司的文化都建立在一套信念体系之上，这些信念强调：与众不同、速度、适应性、“合适的人”的重要性，以及拥有“领导者”而不是指导这些人的管理者。这套信念体系还包括：对卓越产品极为强烈的追求，以数据为导向的快速学习，组织机构扁平化、公开透明，以及建立一个生态系统，而不仅仅是一个公司。

第五，管理层是公司文化的代言人。他们作为团队的教练而不是管理者，传达愿景及方向，但把如何执行任务留给团队成员。管理层指导并促进他们的团队取得卓越成就，实行双向沟通，并在必要时与团队一起工作。他们了解自己的业务和技术，能够提出正确的问题，让团队去寻找答案和解决方案。

第六，组织将传统的计划和控制方法与需要更大的自由度、灵活性及更开放的实验态度的创新和探索相结合，对日常运营（开发）逻辑进行优化。这种双元性和开放创新为硅谷模式的动态能力提供了一些主要解释。内部组织结构是非官僚的、松散的和极其透明的，这使这些公司具有非常灵活的、适应于动态变化的生态环境。灵活性的另一个贡献者是使用扁平化和半结构化的组织，在这种组织中，员工属于职能领域，但在小型的、通常以产品为导向的团队中工作。这些案例公司使用标准的机制来产生创意，并将想法发展为创新，这些创新通常是通过实时数据进行大规模测试的。这些机制与自下而上的流程相结合，用于战略发展等关键领域。此外，由于这些公司正在实践开放式创新，他们与周围环境建立联结，以更传统的形式或新的形式获得资源和想法。最后，硅谷模式的公司不仅利用外部创新系统，还积极地创造和培养他们的生态系统，而不甘于仅作为一名参与者。

第七，人员和任务的协作是通过一个大胆的、有吸引力的愿景和使命，一套共同的信念，以及我们在第 8 章学到的简单（或启发式）规则来完成的。与这些软性机制相辅相成的是明确的绩效和评估系统，其重点是个人层面的关键优先事项。协作在硅谷模式中不是通过形式化的职位描述来完成的，而是创造了更高程度的灵活性，从而提高了适应能力。

第八，自动化的信息流程。遵循硅谷模式的组织高度嵌入信息技术、大数据分析及社交媒体作为其运营的战略部分。原因之一显然是为了“吃自己的狗粮”，[①] 也就是说，用自己的产品和服务来经营。然而，更重要的原因可能是通信成本，这类公司的通信成本很高。社会媒体和信息技术可以支

① 引自我们 2010 年在谷歌的访谈。

持信息自动化的处理，因此可以降低沟通成本。事实上，在扩大业务规模时，保持成本下降对这种“数据密集型”公司至关重要。[①]

在社交媒体方面，谷歌、脸书、领英和推特都使用各自的工具和平台进行内部沟通。例如，在脸书，每个产品团队、小团队、项目组等都可以创建自己的脸书小组，这使得成员可以与最相关的受众集中互动。[②]脸书、推特及谷歌等社交媒体的重要性有望增加。[③]

上述要素的简要总结可以用概念模型来体现。与所有这类模型一样，我们的模型并不意味着涵盖了我们所发现的所有细节。相反，我们将尝试对我们在案例公司看到的现实情况进行优且简的合成。

可视化的概念模型

将这种复杂的、精密的、有机的组织形式在模型中进行可视化是极具挑战性的。典型的“组织结构图”并不管用，因为公司的结构是动态的和流动的，它可以被改变以适应不

① 谷歌被迫疯狂地控制成本，因为它已经知道，“如果你对需求不吝啬，任何与需求成比例的东西都是灾难”。随着一项服务越来越受欢迎，其成本必须以“亚线性”方式增长。谷歌采用的另一种技术是将所有可能的事情自动化。“我们为机器做了太多的工作”（Jackson, 2013）。

② Gabbard (2012).

③ Wadee (2013).

断变化的环境。此外，模型的许多元素不能放在单独的、独立的单元中，如“文化”因素渗透到组织中，“人才”因素在组织中无处不在，等等。

我们能做的就是回到第2章中描述的系统性方法。在那里，一个组织应该被看作是一个具有许多相互依存因素的系统。从这些方面考虑，硅谷模式可以被看作是一个管理系统，其中各要素围绕着中心战略意图而展开，如图9-1所示。

图9-1 硅谷模式

从这个硅谷模式图中，我们可以看到，主要的元素正如我们刚才所描述的那样是相互关联的。此外，请记住，整个管理系统是动态的，因此嵌入了动态能力。所有的要素都一起工作，围绕着成长和创新的中心意图旋转或“循环”——

不断进行调整和补充，以引进新的想法和人员，并带来新的产品或服务。这使组织在不断变化的潮流中不断前进。

为了突出这种新模式的特点，我们可以简单地问：它与传统管理模式有什么不同？下一节，我们将就此逐点比较。

传统管理模式与硅谷模式的区别

让我们来比较一下硅谷模式的核心要素与传统管理模式的核心要素：明茨伯格在 1980 年对组织设计研究的综述中所描述的组织官僚制。[①] 表 9-1 是一个简化的比较，接下来我们将进一步讨论。

表 9-1 传统管理模式与硅谷模式的区别

要素	传统管理模式	硅谷模式
高层领导者的战略意图	成本与利润	创新与成长
高层领导的主要关注点	内部	外部
人才	重视工作能力	视创业精神为核心竞争力
文化	强调效率、低风险、控制及质量	强调独特性、冒险性、适应性、速度及快速学习
管理层	经理。设定方向和优先事项；指示员工应该做什么，以及如何做；跟踪、检查和控制	教练及促进者。与团队一起，确定方向和优先级，但把如何做留给团队成员；协助并指导团队达成目标

① Mintzberg (1980).

续表

要素	传统管理模式	硅谷模式
组织	官僚主义，高度结构化，等级森严；使用更大的工作单元；垂直分布的决策权；主要关注内部创新	有机、半结构化、扁平；使用小型团队；选择性授权；短期，决策权可以集中到高层；专注于内部和外部创新
协作机制	标准化的工作流程、工作描述及技能	引人注目的愿景、共同的价值观、简要制度和关键的优先事项
自动化信息流程	较低的程度；通信成本较低	较高程度，通信成本较高

我们从高层领导开始分析，硅谷模式中的高层领导具有追求创新和增长的战略意图，他们的关注点主要在外部，而不是内部。[①] 此外，高层领导具有创始人的思维，在组织内培养创业文化。在更传统的官僚模式中，战略意图主要放在成本与利润上，且重点更倾向于组织内部。这类组织的高层领导很少有创始人心态，而拥有“业务“或“财务”的思维方式。在这里，我们已经看到了硅谷模式更自然地具有双元性的一些原因。

谈到人才，硅谷模式要求员工具有强适应性、有激情、质疑现状及协作精神。硅谷模式的核心竞争力是创业精神，这并不意味着企业的运营效率不重要，但它不是主导性目标。然而，如前所述，由于硅谷模式中创业精神和运营效率的重要性，人们必须围绕其创业核心进行多维度的思考。在传统

① 然而，在我们的一些案例公司中，高层领导将内部的效率导向和外部的未来导向的责任划分给不同的人。

管理模式中，将创业作为员工的核心能力是较为少见的。相反，工作能力被强调、寻找及奖励。而这反过来又会损害公司的灵活性及响应能力。

硅谷模式中的文化是被重点强调的。其高度重视诸如独特性、冒险性、适应性、速度及快速学习等品质。相比之下，传统管理模式也可能拥有强大的文化，但这种文化强调效率、低风险、控制及质量，这可能阻碍实验和更激进的创新。

此外，在硅谷模式中，管理层的主要特点是指导和促进团队走向卓越。管理层制定方向（通常与团队一起）并沟通优先事项，但将任务的执行留给团队成员。日常工作中，管理层需要在运营和创新之间保持平衡，并需要在问题发生时为其团队提供支持。在传统管理模式中，管理层不仅设定方向和优先事项，还经常指示和告知团队成员应该做什么、如何做，以及由谁来做。然后，跟进并控制相应产出。

（半）结构化的硅谷模式的特点是扁平的、非官僚的和松散的（有机）组织。工作流程和工作的标准化程度有限。这使得这些公司非常灵活，就像相当独立的小团队一样。在硅谷模式中，决策权被有选择地下放给地方决策者和团队。但决策权也可以暂时性集中到最高层。例如，当公司需要快速转型以获得新的机会或对竞争对手的行动做出反应时，就会发生这种情况。由于半结构化和灵活的组织，以及对内部和外部创新的高度关注，硅谷模式具有较高的双元性。与此相反，传统管理模式中的官僚组织有一个正式和稳定的结构，通常有大型的内部单位。这些单位的庞大规模部分是由工作流程和工作描述的标准化实现的。在传统管理模式中，权力通常是垂直分布的，高层及中层管理者的权力高于低层。由于传统管理模式中的组织结构更加正式，自上而下且稳定，再加上对外部创新关注较少，这种类型的组织通常具有较低的双元性。需要注意的是，近几十年来，组织结构的“稳定性”甚至可能通过过程导向及对差异的最小化关注而提高，在许多情况下，这一直是质量运动的目标。

在硅谷模式中，人员和任务的协作是通过软机制来完成的，辅之以针对关键优先事项的明确绩效和评估系统，而不是通过正式的工作描述和流程的标准化。在传统的管理模式中，协作在很大程度上依赖于工作角色和程序、规则和各类程序的标准化。

最后，在硅谷模式中，通信成本很高。这种新模式要求信息公开、透明，并在人员和团队之间频繁建立联系。这就是信息流程在信息技术的帮助下高度自动化的原因之一。传统管理模式中的通信成本较低，因为很多信息都是沿着垂直线传播的，并在许多情况下被“锁定”在特定的群体中，被列为机密。

我们现在已经将硅谷模式概念化，并将其与传统管理模式进行了比较，后者主要是根据明茨伯格的著作[①]进行描述的。它比较生动地表明，新模式在每个主要方面都与旧模式截然相反。现在我们将对照第 2 章中介绍的“面向瞬息万变

---

① Mintzberg (1980).

世界的六项基本原则”来仔细研究硅谷模式，并分析该模式在多大程度上满足了这些原则。

硅谷模式和改变世界的六项基本原则

如前所述，这六项基本原则是从大量的管理学研究中提炼出来的，这些研究是关于如何使企业在快速变化的环境中具有长期的竞争力的。研究发现，这些原则可应用在许多行业中。因此，如果硅谷模式支持这些原则，表明该模式可能也适合广泛使用。

在本书中（特别是第 8 章），我们看到了硅谷模式满足动态能力等标准的迹象，例如，它的双元性及高度关注开放式创新。现在，根据我们对硅谷模式的所有了解，让我们再次回顾一下这些原则。

原则 1：动态能力。硅谷模式显然嵌入了动态能力。事实上，使用硅谷模式的公司善于甚至是偏执地创造、识别和抓住商业机会，不断追求进一步的高增长。他们对员工、文化及组织和领导业务的方式的选择，使这些公司具有高度的动态活力。

原则 2：不断变化的组织。案例公司正是建立在一切都会改变的信念之上。因此，组织的每个方面的设计和调整不仅是为了对变化做出“反应”，也是为了通过不断产生新的想法和抓住新的机会来主动发起变化。这种以变化为导向的品质从文化和招聘的人员类型——渴望并能够做一些新事情的人延伸到我们所描述的各种组织结构和机制，鼓励自下而上的创意产生和发展。因此，我们可以断言，硅谷模式非常强烈地支持不断变化的努力。

原则 3：以人为本的方法。不仅在这一章，甚至在整本书中，我们一再看到，案例公司的核心重点是吸引、保留和培养适合为他们工作的“合适的人”。我们了解了这些人的核心素质：富有创业精神和激情，质疑现状，适应能力强，善于合作。公司会积极鼓励员工具备这些品质，并投入大量精力指导和评估员工，而不会对他们的工作进行微观管理。因此，硅谷模式是一种基于以人为本的管理方法。

原则 4：双元性组织。正如我们所看到的，应用硅谷模式的公司在本质上是灵活的。他们的产品和服务被全世界大量的人日常使用，这意味着应用传统管理模式的公司必须对当前的运营进行调整，以有效地交付货物，并扩大规模，以满足不断增长的需求，同时保持持续创新。

原则 5：与周围环境建立联结的开放组织。一个公司可以或多或少地与周围环境进行开放融合。遵循硅谷模式的公司在利用内部和外部创新系统方面都很有效。而且，如前所述，这些公司积极寻求建立和维持一个更大的生态系统，而不仅仅是作为自身的一部分。因此，硅谷模式可以被视为高度开放和网络化的模式。

原则 6：系统性方法。系统性方法不同于传统的线性工作方式。采用硅谷模式的公司坚信速度、适应性和不断创新等品质的重要性。通过将这些信念植入他们的文化和他们所做的一切，如人员的选择、理想的领导风格、结构和流程的选择，他们真正遵循了系统性方法的原则。简而言之，他们设计了一个由愿景或使命、高层领导、人员、文化等相互关联、相互依赖的要素组成的“管理体系”，所有这些要素都面向创新和成长的战略意图。

总结和展望

本章将硅谷模式作为一种“管理系统”提出，其中八个主要要素围绕着以创新和成长为核心的战略意图旋转或循环。

我们将硅谷模式与传统管理模式进行了比较，后者主要是根据明茨伯格（1980）的著作进行描述的。这一对比生动地表明，新模式在各主要方面都与旧模式截然相反。最后，我们已经看到，硅谷模式遵循了在第 2 章中所提出的所有六项基本原则。这六项基本原则是从大量的管理研究中提炼出来的，这些研究是关于如何使一家公司在快速变化的环境中具有长期竞争力的，这可能意味着硅谷模式也适合广泛使用。

在本章和前面的第 3 章中，我们还介绍了其他研究人员的发现，表明硅谷模式可能是受信息技术、互联网和社会媒体发展影响而演变的结果。我们在第 1 章中还看到，知识型员工(或施密特和罗森伯格所说的“聪明的创造者”)[①] 的增加，加上 VUCA 世界对创业的整体需求的增加，很可能影响了这种“组织轨迹”。第 3 章进一步说明，硅谷地区的规范对硅谷模式的发展也发挥了重要作用。

因此，下一章，也就是我们的最后一章，将探讨硅谷模式更广泛的适用性——超越硅谷的影响，超越互联网或信息技术产业。

---

① Schmidt and Rosenberg (2014).

参考文献

Bennis, W., & Slater, P. (1968). *The temporary society*. New York: Harper & Row.

Grove, A. S. (1996). *Only the paranoid survive: How to exploit the crisis points that challenge every company and career*. New York: Currency Doubleday.

Mintzberg, H. (1980). Structure in 5's: A synthesis of the research on organization design. *Management Science*, 26(3), 322–341.

Mintzberg, H. (1989). *Mintzberg on management: Inside our strange world of organizations*. New York: Free Press.

Schmidt, E., & Rosenberg, J. (2014). *How google works.* New York: Grand Central Publishing.

Toffler, A. (1970). *Future shock*. New York: Bantam.

Travica, B. (1999). *New organizational designs: Information aspects*. Stamford: Ablex Publishing Corp.

第10章

超越硅谷的影响

许多行业的高管可能对硅谷公司的新管理模式持怀疑态度。一个常见的反对意见是："这些大多是软件公司。它们的经验怎么会适用于包装食品行业，或化学品，或……？"虽然跨行业的问题必须加以考虑，但好的模式往往具有很强的适应性。例如，TQM（全面质量管理）及精益生产的管理概念的演变，在很大程度上借鉴了日本丰田公司的经验，现在被用于与汽车制造有很大区别的行业中。

有什么原因能让我们相信，硅谷模式可以在该地区以外和其他行业得到更广泛的应用呢？原因之一是，该模式的各种特征可以在信息技术或互联网世界以外的行业中找到。正如第 9 章所指出的，硅谷模式有许多特征与几十年前首次发现的灵活组织机构模式[①]相同。这使得我们在第 9 章中得出结论，我们在所调查的案例公司中发现的做法，可以被看作是灵活组织机构在广泛概念发展轨迹上的最新一步。

在前面的章节中，所研究案例公司的特征已经作为不同

① Mintzberg (1980).

的构建模块被呈现出来。在第9章中，这些发现以硅谷模式的概念模型形式被综合起来。简而言之，该模型的前五个要素是：具有社会意义及挑战性的愿景，有远见的、以创新和成长为导向的高层领导，对创业型员工的信任及支持，能够指导和激励这些人的文化，以及支持他们的管理层。后三个要素是：员工在一个有机的、扁平的和开放的环境中以小团队工作的组织，与周围的生态系统稳定互动；主要通过强有力的愿景或使命、文化和简要制度来进行协作，但也通过明确的绩效和评估系统加以辅助；在信息技术的支持下实现自动化信息流程。它们共同构成了硅谷模式，这个由相互联系和相互依赖的要素组成的管理系统。

现在的问题是：这些要素是否也可应用于硅谷以外的组织和其他行业？

- 首先，我们将分析硅谷以外的公司在多大程度上利用了硅谷模式的单个要素。
- 其次，我们将调查是否有其他行业或其他地区的公司在使用构成硅谷模式的整个相互联系的要素。
- 最后，我们将调查和讨论该模式是否可以在一个组织的某些部分得到利用，以提供更多的双元能力及动态能力。

硅谷模式的要素在其他公司的应用

除了将“组织”要素分为“双元性”和“开放式创新”两部分并将它们分别放在两个单独的标题下进行分析，本分析遵循了第 9 章中概念模型的八个要素的逻辑，因此，下面分析的要素分别是愿景、高层领导、人才、文化、管理层、双元性、开放式创新、协作机制以及信息流程。

鼓舞人心且具有社会意义的愿景

没有理由要求组织必须位于硅谷，才能建立伟大的、引人注目的愿景和具有社会意义的使命。正如第 7 章所述，默克公司开发有益于人类的药品的愿景自 20 世纪 50 年代初以来就发挥了巨大作用，并有助于激励人们在创新方面取得卓越成就，从而使该公司成为美国最受尊敬的公司。

近期另一个符合鼓舞人心、具有挑战性和社会意义标准的愿景的例子是，通用电气对其健康业务的愿景——“健康创想（healthy magination）”，它来自通用创投与健康创想首席执行官苏·西格尔（Sue Siegel），其表述如下：

> 我们致力不断开发和投资创新为全世界更多的人提供高质量、更实惠的医疗保健。

西格尔继续说：

这是一个崇高的使命，需要一个协作团队来推动创新。2013年，健康创想启动了推动创新的新途径：企业风险投资——投资并与初创企业合作，以加速成长并将创新理念商业化；孵化——通过测试和开发塑造市场的商业平台来推动通用电气的成长；合作——拓展健康创想的工作，与主要行业伙伴合作应对全球健康方面的重大挑战；走出去——通过通用电气的人力资源团队，深化公司内部的健康文化并帮助其向外部社区输出。

因此，第一个要素似乎很适合在其他行业和地区使用。

具有远见卓识、创业精神和成长性的高层领导

我们发现，硅谷的案例公司拥有强大的、有远见的、有创业精神的、以创新和成长为导向的高层领导，他们具有“创始人心态”——一种培养创业文化的心态，以及注重创新和外部增长导向的思维。在其他行业和地区，也有一些成功的公司在很长时间内保持着创始人心态，比如宜家，其创始人和前首席执行官英格瓦·坎普拉德（Ingvar Kamprad）的愿景是：

为大众创造更加美好的日常生活。

这激励了许多同事去超越创新。对于那些想要发展动态能力和注重创新的成熟公司来说，这些领导素质甚至可以得到更多的强调。宝洁公司在2000年推出的“联系与开发”计划就是一个很好的例子，它显示了致力于创新的高层领导的重要性。新任首席执行官雷富礼（A.G.Lafley）公开表态，推出一种新的、开放的创新方式。据此，宝洁公司50%的创新应该来自公司外部。[①]然而，一个主要障碍是，存在多年的大型现有公司通常也有按照大公司思维运作的历史。这种心态与初创企业及我们研究中的硅谷公司截然不同，因为后者都在努力持续保持初创公司的身份。

此外，高层领导仅仅传达愿景是不够的。创业型领导还包括“把事情做好”，并引导人们以富有成效的方式发挥其创造力。因此，对行业、商业模式、运营和关键技术的深入了解，使领导者能够向员工提出正确的问题，这也可能是其他行业和地区的伟大首席执行官的特征。斯堪尼亚前首席执行官列夫·奥斯汀（Leif östling,）曾在一家非常成功的大型卡车制造商中掌舵20多年，他被描述为完全具备这些素质。[②]此外，在产品和劳动力方面的创新和灵活性等问题，无疑是斯堪尼亚执行议程上的重要内容。

对创业型员工的信任和投资

相信人可以有所作为，尤其是当他们具有创业精神、

---

① Birkinshaw (2010).

② Alänge and Steiber (2009).

充满激情、不断质疑现状、适应性强，且有协作精神时，这种信任也许更容易表达，而不容易实现。在我们的研究中，我们惊讶于我们的案例公司专注于招聘、发展及创造机会，让有创造力的人才脱颖而出。这至少在一定程度上可能是受硅谷竞争激烈的劳动力市场的影响，人们很容易在不同的雇主之间流动。为了满足个人发展需求和公司在可预见的时间跨度内对100%创造性努力的需求，公司还制定了2~3年（工作年限）的雇用合同。

这种类型的合同在其他地区并不常见。它确实与长期的雇用合同有一些相似之处，至少在一些国家，这种合同已经成为多年来的标准程序——尽管在这种用法中，合同是与咨询公司签订的。我们的案例公司也使用更传统的员工轮岗制，以提供新的挑战和灵感，同时发展他们的能力及加深对公司的理解。这里也存在类似的情况，因为硅谷以外的许多公司都有专门的“学习型”工程师轮换项目。[①] 另外，在世界其他地方也可以看到要求（和帮助）员工定期轮岗的制度，例如谷歌建议员工每18个月寻找一个新的内部工作。[②]

这些案例公司的信息都非常透明和开放，反映了对员工的高度信任。员工被期望具有创业者精神，进行创新并为公

① 如ABB集团及兰特曼恩公司。

② 再如，在诺基亚(Nokia)，“来自最高管理层的压力很大，各级领导需系统性轮岗（每2~3年）。这种轮换似乎是一种增强员工的能力和对公司的了解的强有力方式，它也让员工为改变做好准备，防止出现隐藏的议程和惰性”(Alänge and Miconnet, 2001, pp. 8–9)。

司做出贡献。虽然这在其他大公司中并不常见，但在不同行业的公司中都可以看到类似的情况，例如在戈尔公司及 3M 公司。在硅谷的案例公司中，即使是新员工，也从一开始就被赋予自由和具有挑战性的任务。在其他地方也有类似的做法，例如在诺基亚和晨星公司（见第 2 章），这些公司没有老板。

引导和激励创业者的文化

案例公司的文化很强大，并作为一种治理机制以实现对工作的“软”控制，避免产生不必要的官僚主义。它为员工提供了明确的方向及很强的灵活性。我们的六家案例公司的文化都建立在“我们不是一家普通公司”“事情不断变化，你必须迅速适应”“速度很重要”“招聘是能做的最重要的事情”“产品的卓越性是关键”等信念上。这些文化还重视“以数据为导向的决策和快速的学习周期”“最小化官僚主义的扁平化组织”“公开透明”，以及拥有“领导者而不是管理者”，他们努力“建立一个生态系统，而不仅仅是一家公司”。这套信念在我们研究中的信息技术或互联网公司和电动车公司中非常普遍，但对于一般的大公司来说并不常见。然而，在硅谷之外，仍有可能找到追求类似信念的公司，如 3M、戈尔公司、宜家[①] 及 20 世纪 90 年代末的

① 宜家首席执行官安德斯·达尔维格 (Anders Dahlvig) 将宜家文化描述为“不拘礼节、成本意识及非常谦逊和‘脚踏实地’的方法。同时也让人们有责任感”(Kling and Goteman, 2003, p. 35)。

诺基亚。[①]

支持创业者的管理层

在我们的六家案例公司中，各级领导根据公司文化行事，传达愿景和方向，但把如何执行任务留给团队成员。他们指导自己的团队走向卓越，实行双向沟通，并在必要时与团队一起协作。管理层了解团队的业务和技术，并能提出正确的问题，从而获得良好的结果。戈尔公司就是一个典型的例子，它在硅谷之外以实践这种领导方式而闻名，小团队中的员工得到支持，从而能够发挥自己的创造力为公司带来收益。同样的情况也存在于晨星公司，那里的员工被赋予自由和责任来做决定，自我组织并与他们的同伴协商责任。在宜家，员工同样被期望积极主动、具有创业精神、与其他人互动、动员内部人员作为他们创意想法的支持者。

因此，在我们的六家案例公司中，早期阶段的决策（关于新想法和创新）是基于管理者对小团队中的创业者的能力的信任，他们能够自己做出良好的决定。此外，早期决策可以从内部人群和外部人群的智慧中获益（在我们的案例公司中，通常将用户行为作为衡量依据）。这种决策形式也被其他行业和地区的公司所采用。除了使用传统的交流平台进行意见的交流，他们还利用联网平台进行这种早期决策。这样

① 对外部观察者来说，最引人注目的可能是诺基亚的扁平化等级制度。诺基亚的管理风格强调个人的主动性、有控制的即兴发挥、成就感、实用主义，决策是在知识所在之处做出的（Alänge and Miconnet,2001, p. 7）。

做的组织就有通用电气下属的“第一建构”部门。

双元性的组织

案例中的公司在日常运营管理中，显示出了双元性的能力。它们将优化日常运营与创新和探索的组织逻辑结合起来，但后者需要更大的自由度、灵活性及更开放的实验态度。案例公司具有双元性能力的关键因素是具有创业精神且适应性强的人才和文化，以及促进员工在非官僚结构的小团队中工作的管理层。其内部结构是自适应的、宽松的和极其透明的，这使得这些公司具有灵活性，适合在一个动态世界内持续经营。对这种灵活性的部分解释是源于具有扁平化和半结构化的组织，员工属于不同的职能领域，但在小团队中工作。

然而，扁平化、半结构化的组织也可以在其他行业中找到，例如在宜家，那里的文化及灵活的组织激励员工发挥创造力。[①] 戈尔公司有一种更极端的方式——为每个人的创新创造一个基于团队的扁平化组织。组织通过无头衔的方式让所有的同事（员工）进行直接的沟通交流，并让具有专业知识的人站出来领导。[②] 在戈尔的“格子”结构中，当他们有专业知识，只要有可能带来新产品及商业机会，任何人都可以与其他人进行互动。类似的思路也存在于我们的六家案例

① Totrakarntrakul and Lang (2008).

② Manz et al. (2009), pp. 240–241.

公司的组织方式中，以促进创意进行分享，并为发现创意事件创造机会。在更传统的美国背景下，具有挑战性的是建立较低正规化的工作职位，因为使用明确定义的职位并进行相应描述是标准。此外，低正规化的工作职位在许多斯堪的纳维亚公司中很常见，比如宜家，这表明一些组织方式可能依赖于当地的传统和文化。

创意产生和概念快速发展的机制通常基于实时大数据分析，这是案例公司的标准程序。然而，我们所研究的硅谷公司并不是这种机制的唯一使用者。在某些情况下，它们甚至起源于其他行业和地区。例如，谷歌众所周知的 20% 的时间用于研究自己的创意是 3M 公司长期以来实行的 15% 的时间政策的变种，这导致了像便利贴这样的产品产生。戈尔公司也为其员工提供 10% 的自由时间来进行创新。

因此，尽管硅谷以外的地方已经采用了许多组织双元性的方法，但对大多数大公司来说，这仍然是一个重大挑战。不过，这也是一个重要的机遇，因为双元性与开放式创新相结合，可以极大地促进公司所需的动态能力的发展。

开放式创新

开放式创新是硅谷模式的一个关键组成部分，公司通过这种方式建立网络并与周围环境相互作用。我们的六家案例公司有各种与外部参与者互动的方式，包括需要大笔投资的方式，例如并购；也包括通过锦标赛及编程马拉松[①]的互动，在这种情况下，至少最初的投资会少很多。尽管关于用户行为的大数据被经常性地收集和分析，但众包流程主要用于创意生成。

其他地方的组织，如第一建构及洛克汽车公司，通过一个完全透明的开发过程，采用另一种众包和群众决策的方式，使内部和外部的个人都可以在互联网上自愿为互联网或创客编程马拉松产生的不同设计方案进行投票；宝洁公司的“联系与开发”方法也有类似的对外开放思路。然而，对外部开放的想法已被提上日程很久了，从 1909 年起，杜邦公司就一直奉行一种战略，即在有需要时向外部世界寻求新的产品创意及新的行业领域。[②]

硅谷模式的公司不仅有效地利用了外部创新系统，而且还积极培育自己的生态系统，而不仅仅是参与其中。在硅谷，特别是在苹果和谷歌的应用程序开发者生态系统获得成功之后，培育生态系统以促进成长的想法已经成为焦点。[③]这使得人们对外部或全行业平台的研究越来越感兴趣，欧洲的大型技术公司，如比利时的杨森制药公司和荷兰的飞利浦公司，也转向了开放式创新，以加快发展速度，增强活力。2003 年，飞利浦在埃因霍温开放了大型企业开发基地，供外部的大小

---

① Alänge and Steiber (2015).

② Hounshell and Kenly Smith (1988).

③ Gawer and Cusumano (2014).

型企业共同使用，形成一个开放的创新生态系统。杨森制药公司于2009年发起了开放式创新倡议，并得到了高层管理人员的支持，该声明与我们的六家案例公司的表述非常相似："虽然杨森有成千上万的聪明科学家，但外面还有数百万聪明的科学家和工程师，所以无论你做什么，都要确保与外面的世界保持联系。"[①] 杨森实验室弗兰德斯[②]（比利时）也是这方面的一个例子。它与杨森实验室圣地亚哥（美国）是一个生命科学孵化器，在这里，独立的新兴公司与他们自己的员工正在一起创造一个创新生态系统。然而，工业行业中共同发展的基本理念要早得多，例如在工业区[③]和开发区[④]，这一理念可用于任何公司之间有联系的行业。

此外，现在世界上许多公司通过创新竞赛或作为"创新市场"的第三方网站，在个案的基础上进行开放式创新。在这些比赛中或在这些网站上，公司可以发布它的技术问题或需求，基本上是公开征集解决方案。[⑤] 从你不能直接控制的能力和资源中获益是有挑战性的，就像外部开发者平台的情况一样，但同时，开放式创新带来了重大机遇，这些机遇也许才刚开始被探索。

---

① 2014年笔者与杨森制药公司（比利时）的访谈。

② 于2015年投入使用。

③ Marshall (1892).

④ Dahmén (1950).

⑤ InnoCentive 和 innoget 等网站是通用创新市场的例子，它们可以发布不同类别的需求和解决方案，也有针对特定行业或技术领域的网站。

协作机制

硅谷模式的基础是在自我管理的小团队中工作的创业者，以及通过软性指导及硬性数据测量与跟进相结合的复杂工作协调方式。雄心勃勃的愿景或使命与表达一套清晰信念的公司文化相结合，辅之以简要制度，[①] 为团队和个人提供了创造性输入的大致方向。然而，总体指导得到高层领导明确公司的重点领域的补充。它结合了通过明确的绩效和评估系统来跟进的季度目标，并基于所有层面的硬数据，包括领导层、团队及个人。为了协调活动，内部需要有一个极高的透明度，这样每个人都可以通过现有的数据系统和允许与组织内任何人交流的文化，实时访问相关信息。[②] 此外，我们的六家案例公司所使用的明确的绩效和评估系统是通过商业网络引入，由一位了解英特尔方法的董事会成员或风险资本家介绍的。[③] 因此，协作机制似乎也在其他行业和其他地区使用。

信息和通信技术：硅谷的公司是否有独特的优势

在所研究的硅谷公司中，通信技术和社交媒体平台在日常工作中或多或少地被用于自动化流程。此外，许多员工，正在开发新的应用程序及相应服务。这些技术和平台为分享见解、想法和解决方案提供了便利，同时也为向内部和外部人群提出

① 关于案例公司中使用简要制度的例子，请参见第 8 章。

② Sull and Eisenhardt (2015).

③ Schmidt and Rosenberg (2014), pp.220–221.

问题提供了机会。由于这类技术是案例公司工作的核心（而且他们大部分员工都有计算机科学背景），他们在引入基于技术的交流方面可能有优势。然而，除了信息技术盲们阻碍使用这些技术的情况，很明显，所有类型的公司都可以从使用新的通信技术中受益，即使它们自己缺乏开发新工具的能力。我们案例中的公司的信息技术或平台能力可能为硅谷模式的管理提供了一些先发优势，但这并不妨碍其他行业的公司采用类似的方式管理和利用新的通信技术。

事实上，许多传统工业领域的公司正在迅速建立软件和提高互联网能力，因为他们预见到未来创新的很大一部分将涉及基于软件或互联网的平台。对许多公司来说，不仅人与人之间的互动提供了创新的主要手段，而且“物对物”的平台也隐藏着巨大的创新潜力。通用电气就是一个例子。通用电气的“绿色创想”项目利用交流平台来众包收集创意以实现环保创新，并与新供应商建立关系，同时通用电气也看到了工业互联网的巨大创新潜力。

> 高效硬件与互联网软件的集成是生产力的新领域。我们称之为“数字资源生产力”……将电子化解决方案与工业互联网软件创新相结合。
>
> ——布兰登·欧文斯（Brandon Owens），
>
> 通用电气绿色创想战略与分析总监

整个相互关联的元素系统可以在硅谷之外使用吗

现在我们已经看到，其他行业和地区的许多公司都在使用硅谷模式的各个要素。然而，我们的六家案例公司的与众不同之处在于，他们一起使用所有元素，作为一个全面的新管理系统中相互联系和相互依赖的部分。正是这个系统，作为一个整体，真正构成了硅谷模式。而为了考虑更广泛的应用前景，应该解决三个问题。

第一，我们将这些案例公司称为“庞大的创业公司”，因为它们仍保持着初创阶段的创业精神。从某种意义上说，这可能是使用硅谷模式的结果，在某种程度上，这也可能是使用硅谷模式的先决条件，即这些公司一开始就有创业文化和“创始人的思维”，这有助于它们成功开发和实施整个模式。因此，第一个问题是，多年来可能已经形成许多官僚主义特征的大型老牌公司，能在多大程度上保持（或重新创造）像初创公司一般的文化？

第二，硅谷以外的公司现在是否把这种模式的所有要素都作为一个系统来使用？

第三，作为一个整体，硅谷模式能否被用于现有的大型企业中的特定部门，以提高其响应能力、速度和创新能力？

成熟公司的创业文化

硅谷模式强调了创业精神在组织各个层面的重要性，从高层领导到其他人。这些案例公司都能做到这一点，但话说回来，它们都相对年轻（成立 9~17 年），而且创始人都还在高层领导或董事会中。对于那些不具备这些特点，可能需要重新获取创业文化及心态的公司来说，前景如何?

已经有一些尝试通过借鉴初创公司的经验来振兴现有状况的公司，例如实施精益创业方法。[①] 因此，虽然已经确定了需求，并且已经有很多人沿着从初创企业中获取灵感的思路进行努力，但仍然很难实现。例如，通用电气在常规研发部门应用精益创业的做法时取得了一些成功，但也遇到了各种僵化问题。这使得通用电气尝试了一种不同的方式来模拟初创公司的情况，通过第一建构的方式快速测试新产品概念并从那里获得客户反馈。[②]

这些证据表明，希望培养初创企业心态的现有企业需要做的可能不仅仅是引入具体的工具或选定的元素，而且可能需要从系统的角度来研究这个问题。这里可以类比一个事实，西方公司尝试引进日本质量方法的个别部分，如质量圈，但取得的效果非常有限。后来，他们意识到质量必须作为一个系统（全面质量管理）来看待和实践才能获得影响。[③]

互联要素的系统

因此，下一个问题就变成了：硅谷模式及其所有必要的

---

① Ries (2011).

② Alänge and Steiber (2015).

③ Alänge（1992）.

要素，能否作为一个完整的管理系统应用于其他行业和地区？

系统性方法不同于传统的线性工作方式。这些案例公司以总体信念或原则为指导，影响着公司所做的每一件事——人、领导、结构、激励、雇用及与周围世界的互动。这些基本信念根深蒂固，并在描述公司文化的价值公式中得到明确表述。这些信念通常包括对速度的关注，灵活性和适应性的重要性，通过优秀的产品关注用户或客户体验，以及最重要的对创新和成长的强调。因此，从具有挑战性的愿景或使命出发，在这些总体原则的指导下，所有其他元素都需要同步朝着相同的方向贡献。这对那些想要发展和维持真正有活力的动态能力，让他们的公司在当前和未来发展中都保持卓越的领导者来说是一个挑战。

硅谷模式是基于案例公司的组织方式发展起来的，以实现创业精神及活力。我们还可以找出其他根据类似原则工作的大型公司。几十年来的榜样——3M 公司和 20 世纪 50 年代的创业公司戈尔公司都显示出了保持创新和动态的系统方法的特点。一个有趣的发现是，3M 公司在引入高度以流程为导向、以六西格玛为驱动的管理模式后，经历了几年的创新绩效递减的过程。后来，一位新的首席执行官改变了关注点，再次重建了 3M 公司的创新体系，扭转了这一趋势。①

然而，3M 和戈尔公司是两个相当灵活的公司。许多大型的现有企业并不那么灵活，它们可能不愿意对自己的思维方

---

① Garud et al.(2011).

式、管理方式和经营方式进行大刀阔斧的改革。让这些公司转向一个全新的方向可能非常困难，而且肯定不是一件可以迅速完成或一蹴而就的事情。

简而言之，我们认为，更广泛地采用硅谷模式的最大障碍并不在于模式本身无法转化到其他行业或地区。有强烈的迹象表明，它可以很好地应用于其他情况。最大的障碍似乎是许多大公司存在制度惰性——长期受一种截然相反的模式（传统的官僚主义管理模式）的影响，以至于它已经深入人心，难以摆脱。

这就引出了一个问题：是否有可能在某个领域或某个组织的某个部门应用硅谷模式并从中受益？

大公司内部创新单元模型的应用

从某种意义上说，大型官僚机构是被精心调整过的机器，它们使用高效的流程来进入大市场。要从根本上改变这样的公司不仅困难重重，而且从商业角度来看，这甚至可能不是一个明智的想法。但是，如果一个组织想要有未来，就必须发展动态能力以抓住新的机会。双元性的挑战，即建构一个强大的“探索”功能，与高效开发相辅相成——可以通过不同的方式解决。正如我们所看到的，其中一种方法是建立独立的部门，将任务集中在探索上，对于这样的部门，硅谷模式可能是有价值的。在上述的一些案例中，大公司试图通过创新平台与小公司建立联系，从而变得更具创新性，例如，通用电气的首席执行官的“绿色创想”倡议打开了现有的业务部门，为新创意与常规供应商之外的新关系提供了机会。但是我们也看到，在现有的研发或业务单位组织内，要做一些引人注目的新事情是很困难的，这就是为什么通用电气采取进一步措施，推出一个完全独立的单位“第一建构”，这样就可以根据创业逻辑组织新的创新方式，在某些方面，这甚至比硅谷模式中所确定的更进一步。①

这种类型的倡议可以成为采用新模式的有用的第一步。该模式的一些要素也有可能在大型组织的项目层面上得到应用——也许，这也是一种建立内部经验的初步方式，以便将来在公司内部得到更广泛地应用。

硅谷以外的几家公司现在正以一种不同于常规运营的逻辑来试验各种各样的创新部门。瑞典农民的农业合作组织兰特曼恩公司（Lantmännen）在内部和开放式创新合作中开发新的想法，例如与大学的研究人员、发明家和初创创业者合作。为了将潜在的想法转化为实际的产品创新和新的商业概念，兰特曼恩公司建立了一个内部创新或业务概念生成单位——绿房子。② 这个单位的目标是教育员工，同时开发有前途的创新概念以用于更新内部业务部门或使外部业务孵化

---

① Alänge and Steiber (2015).

② Lundberg (2015).

器进一步发展。[①]类似的单位在许多其他大公司都可以找到，硅谷的一个著名例子是思科公司。[②]发展这类单位的原因是让有创造力的员工按照另一个更有活力的逻辑工作，鼓励他们创新和进一步发展他们的创业能力。在这种情况下，硅谷模式可以提供灵感。

总结评论

本章表明，硅谷模式的要素已经在硅谷以外的其他行业中使用，但作为一个全面的、集成的“管理系统”被一起使用的现象并不常见。然而，我们已经发现一些公司至少部分地在按照硅谷模式组织起来。此外，我们还发现一些大型公司，其主要业务是按照传统方式组织的，但在特别设计的创新单元中使用了部分硅谷模式。

那么，硅谷模式的未来是什么？它是否会在硅谷以外的行业得到更广泛的应用，以及会成为重塑管理的有用模板吗？我们相信这两个问题的答案都是肯定的，原因有二。首先，这个模型不是最近发明的，也不是严格的本地化发明。正如我们在第9章中所看到的，硅谷模式似乎是灵活性组织机构模式的一种高度发展形式，这种模式自第二次世界大战

① 2014年11月，笔者访谈兰特曼恩公司。

② Sidhu (2010), pp. 25–30.

后一直在演变。对这种模式的需求在很久以前就已经被认识到了。它背后有历史的力量，而且从我们的六家案例公司迄今为止的成就来看，它正在通过当前的考验。

这就引出了我们相信硅谷模式可能代表未来潮流的另一个原因，即我们相信硅谷模式可能代表未来的浪潮。简而言之，所有行业和地方都开始变得更像硅谷。在全球范围内，社会和市场正在发生更快、更深刻的变化。在大多数行业中，技术发展将越来越多地依赖于软件、互联网使用和其他信息技术相关领域的创新，这一点已经变得很明显。硅谷的产业很早就经历了这些现象，而现在每个人都在经历。

这将为迅速、动态和灵活的组织创造类似的，甚至更大的需求，在这种组织中，各个部分必须根据规模经济来运作，而其他部分则根据其他经济模式来运作。在后者的背景下，其重点是探索和创新，关键资源是具有创造性和创业精神的人，他们需要空间和自由，以在新的组织形式中脱颖而出。

硅谷模式显然为实现这些目标提供了一种经过实践检验的手段。它易于被多人以多种方式采用、模仿或进一步发展。它可以为所有充满活力的具有创业能力的人提供灵感及指引，以进一步探索和创新通向更美好未来的道路。

参考文献

Alänge, S. (1992). What role do QC-circles play in Sweden? *Total Quality Management*, 3(2), 157–163.

Alänge, S., & Miconnet, P. (2001). Nokia: An 'old' company in a 'new' economy. paper presented at the 21st *Strategic Management Society Conference in San Francisco*, Oct 2001, pp. 21–24.

Alänge, S., & Steiber, A. (2009). The board's role in sustaining major organizational change. *International Journal of Quality and Service Sciences*, 1(3), 280–293.

Alänge, S., & Steiber, A. (2015). The best of both worlds: Combining the strengths of small start- ups with a large corporation's advantages. Draft.

Birkinshaw, J. (2010). R*einventing management: Making smarter choices for getting work done*. San Francisco: Wiley.

Dahme´n, E. (1950). *Svensk industriell fo€retagarverksamhet*. Uppsala: IUI/ Almgvist & Wiksell. In English translation: (1970) Entrepreneurial activity and the development of Swedish industry, 1919–1939. Homewood: Irvin.

Garud, R., Gehman, J., & Kumaraswamy, A. (2011). Complexity arrangements for sustained innovation: Lessons from 3M corporation. *Organization Studies*, 32(6), 737–767.

Gawer, A., & Cusumano, M. A. (2014). Industry platforms and ecosystem innovation. *The Journal of Product Innovation Management*, 31(3), 417–433.

Hounshell, D. A., & Kenly Smith, J. (1988). *Science and corporate strategy: DuPont R&D*, 1902–1980. Cambridge: Cambridge University Press.

Manz, C. C., Shipper, F., & Stewart, G. L. (2009). Everyone a team leader: Shared influence at W.L. *Gore & associates. Organizational Dynamics*, 38(3), 239–244.

Marshall, A. (1892). *Elements of economics*. London: Macmillan.

Mintzberg, H. (1980). Structure in 5's: A synthesis of the research on organization design. *Management Science*, 26(3), 322–341.

Ries, E. (2011). *The lean startup: How constant innovation creates radically successful businesses*. London: Portfolio Penguin.

Sidhu, I. (2010). *Doing both: How Cisco captures today's profit and drives tomorrow's growth*. Upper Saddle River: FT Press.

Schmidt, E., & Rosenberg, J. (2014). *How Google works*. New York: Grand Central Publishing.

Sull, D., & Eisenhardt, K. M. (2015). *Simple rules: How to thrive in a complex world.* London: John Murray.

Totrakarntrakul, R., & Lang, Y. S. (2008). *Leadership influencing organisational creativity: The case of IKEA*. Kalmar: Baltic Business School.